王朝拐点系列

五代十国大变局

姜越 编著

辽宁人民出版社

© 姜越 2017

图书在版编目（CIP）数据

五代十国大变局 / 姜越编著. —沈阳：辽宁人民
出版社，2018.1
（"王朝拐点"系列）
ISBN 978-7-205-09197-2

Ⅰ.①五… Ⅱ.①姜… Ⅲ.①中国历史—五代十国时
期—通俗读物 Ⅳ.①K243.09

中国版本图书馆CIP数据核字（2017）第296236号

出版发行：辽宁人民出版社

地址：沈阳市和平区十一纬路25号　邮编：110003

电话：024-23284321（邮　购）　024-23284324（发行部）

传真：024-23284191（发行部）　024-23284304（办公室）

http://www.lnpph.com.cn

印　　刷：三河市航远印刷有限公司

幅面尺寸：170mm×240mm

印　　张：14

字　　数：195千字

出版时间：2018年1月第1版

印刷时间：2018年1月第1次印刷

责任编辑：赵维宁

封面设计：侯　泰

版式设计：姚　雪

责任校对：解炎武

书　　号：ISBN 978-7-205-09197-2

定　　价：43.80元

前　言

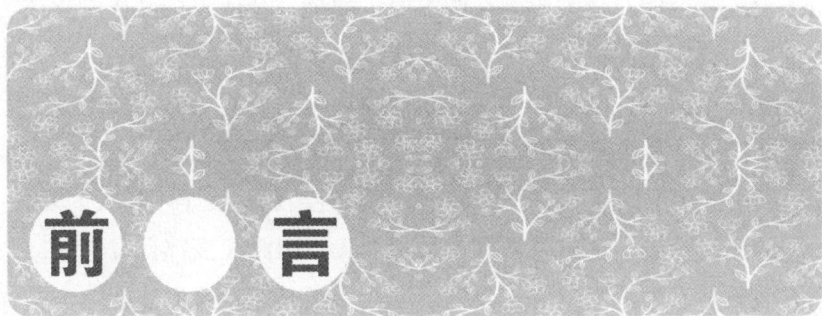

　　汉唐时期是中国人最为骄傲的时代，汉家雄浑大气、唐室豪气朗然，自古以来就被无数史学家称道。然而，任何一个太平盛世都会有衰败的一天。一个朝代的气数尽了，就总会出现三五枭雄趁乱起事，不是僭号称帝，就是拥兵割据，构建所谓的千秋大业，实现自己出人头地的英雄梦想。

　　同样为政权分裂的时期，相较于汉之后的三国，承载着盛唐衰落和宋王朝崛起的五代十国无疑有些默默无闻，为很多国人所不了解。历时七十八年（902—979）的五代十国先后经历了后梁、后唐、后晋、后汉、后周五代以及吴、前蜀、后蜀、南唐、楚、闽、南汉、吴越、荆南（南平）、北汉等政权，同时还伴随着契丹族的崛起和大辽的建立发展，不可谓不波澜横生，不可谓不惊心动魄。

　　与南北朝时期不同的是，五代十国时期鲜有其他少数民族的参与。在晚唐政权分崩离析的状况下，无数军阀割据趁势而起，互相杀戮、战乱纷争，胜者有之，败亡者亦不在少数。这个时期的政权短促而激烈，其中虽不乏治世明君，却也挡不住历史洪流的脚步，最终消散于历史的尘烟之中。

　　五代开始于907年朱温废唐称帝，终于960年赵匡胤废周建宋，与十国（902—979）政权混杂鼎立。五代十国是一个战火纷纷的年代，由于没有一个相对强大压倒性的中原王朝统一其他政权，从而导致了各个割据政权之间征战不休，统治者也大多都重武功而轻文治。直到赵匡胤黄袍加身，建立宋朝并开始抑制兵权，提倡文治，文化经济等才逐渐稳定并发展起来。

经由五代十国这一历史时期，中国的社会结构发生了极大的变化。唐朝的统治阶级大都出身贵族或科举新贵，因此往往都自视甚高，婚姻方面更是崇尚门当户对，而到了五代十国时期，这种社会结构就发生了翻天覆地的变化，各政权的统治者及权贵们大都来自庶族地主的崛起，思想观念也更倾向于平民，人与人之间的依附关系减弱。

这个时代上演了无数威武雄壮的历史话剧，又导致了无数人间悲剧的发生。这是个扭曲不堪的历史时代，同时又是一个发展变化的新时期。

本书以五代十国中具有鲜明特点的些许人物为媒介，讲述这一时代的悲欢离合。充满血腥与暴力、战争与分裂的血色华章，将缓缓拉开帷幕。

第一章 安史之乱，动摇国本

自大唐盛世以来，承平日久，国家无事，唐玄宗丧失了向上求治的精神。改元天宝后，大唐政治愈加腐败。唐玄宗更是耽于享乐，宠幸杨贵妃，由提倡节俭变为挥金如土。重用口蜜腹剑的李林甫，罢免张九龄的相位，使朝政落入奸邪小人之手。以至于国事日非，让安禄山有机可乘。

大唐玄宗，纵情于声色中 ……………………………………… 003

禄山崛起，大唐危机暗藏 ……………………………………… 003

安史叛乱，大唐国本动摇 ……………………………………… 006

第二章 藩镇割据，大唐覆亡

安史之乱后，中央集权削弱、藩镇强大、互相争战。各地节度使独揽一方军政财权，不受中央政令管辖。至9世纪初，全国藩镇达40余个，它们互相攻伐，或联合对抗中央。朝廷屡图削弱藩镇，但是收效甚微。各地藩王的势力日增，最终藩帅称帝，盛极一时的大唐走向了灭亡。

强弩之末，大唐名存实亡 ……………………………………… 013

割据之风，田承嗣来首开 ……………………………………… 018

唐朝大将，仆固怀恩反唐 ……………………………………… 023

昭宗削藩，壮志满却成空 ……………………………………… 025

藩帅称帝，大唐王朝覆亡 ……………………………………… 029

第三章 五代嬗递，狼行天下

大唐以后，五代嬗递。在中原地区相继出现了后梁、后唐、后晋、后汉和后周五个朝代，称为五代。从907年朱温废唐建立后梁开始，五个朝代依次更替。朱温篡唐，废唐昭宣帝，建立后梁。后唐庄宗李存勖灭后梁，建后唐。后唐被后晋石敬瑭所灭。后来契丹军队南下，消灭后晋。刘知远在太原称帝，国号后汉。而后汉又被后周太祖郭威所篡。

后梁朱温，一代残暴帝王 …………………………………… 039

李唐中兴，李存勖建后唐 …………………………………… 043

卖国求荣，后晋开国之主 …………………………………… 050

重整河山，刘知远建后汉 …………………………………… 055

后周郭威，黎明即将来临 …………………………………… 061

五朝不倒，长乐老儿冯道 …………………………………… 066

后梁宰相，第一功臣敬翔 …………………………………… 071

忠勇善战，猛梁将王彦章 …………………………………… 077

愚蠢好色，刘守光丧气节 …………………………………… 081

第四章 十国并立，混战不已

自五代以来，中国陷入了一个大分裂的时代，军阀混战不休，社会凋敝，民不聊生。除了后梁、后唐、后晋、后汉、后周等正统王朝的更迭外，更有数十多个参差并存的独立王国和割据政权。正是这段混乱不堪的破坏时期，使宋王朝的建立加快了脚步。

宽仁爱民，杨行密奠吴基 …………………………………… 089

仁义之君，南唐烈祖李昇 …………………………………… 094

肉袒出降，千古词帝李煜 ……………………………… 099

称霸两川，王建成都称帝 ……………………………… 105

骄淫贪色，前蜀王衍丧国 ……………………………… 110

玩物丧志，后蜀孟昶降宋 ……………………………… 115

乱世起兵，钱镠建立吴越 ……………………………… 124

闽国偏安，王审知创桃源 ……………………………… 128

保境安民，英雄马殷建楚 ……………………………… 133

血染刀锋，蛮刘陟建南汉 ……………………………… 137

无赖君王，高季兴建荆南 ……………………………… 141

屡败屡战，蠢刘崇建北汉 ……………………………… 145

第五章　契丹崛起，南侵中原

恰值中原混战不休的时候，北方的少数民族开始有了新的发展。契丹族崛起并统一了北方少数民族地区，为少数民族的融合和发展做出了贡献。从耶律阿保机到耶律德光再到其后世子孙，俱是人物。当其政权得到巩固之后，契丹族的统治者开始不安于室，伺机入侵中原，以图壮大。

智勇双全，阿保机定北疆 ……………………………… 153

太后断腕，述律偏心被囚 ……………………………… 159

争霸中原，耶律德光建辽 ……………………………… 164

夺取燕云，辽太宗扩版图 ……………………………… 171

强行南征，耶律阮美梦断 ……………………………… 177

嗜杀成性，辽穆宗终遭戮 ……………………………… 181

第六章 匡胤建宋，结束分裂

　　五代十国时期的结束，预示着新时代的到来。赵匡胤从无名小卒到掌权将领再到黄袍加身的王者，也一步步见证了后周的灭亡和大宋的崛起。中国历史跨入了新的一页，其征战统一、文治武功都告诉我们宋统治阶层不愧为新历史的书写者。

壮志未酬，后周英主柴荣 ……………………………………… 189

黄袍加身，赵匡胤建大宋 ……………………………………… 192

风云名将，王彦超拒太祖 ……………………………………… 203

文人皇帝，赵光义治国统 ……………………………………… 207

第一章

安史之乱，动摇国本

自大唐盛世以来，承平日久，国家无事，唐玄宗丧失了向上求治的精神。改元天宝后，大唐政治愈加腐败。唐玄宗更是耽于享乐，宠幸杨贵妃，由提倡节俭变为挥金如土。重用口蜜腹剑的李林甫，罢免张九龄的相位，使朝政落入奸邪小人之手。以至于国事日非，让安禄山有机可乘。

大唐玄宗，纵情于声色中

李隆基（685—762），唐朝皇帝。唐睿宗李旦第三子，母窦德妃。庙号"玄宗"，谥"至道大圣大明孝皇帝"。清朝为避讳康熙皇帝之名（玄烨），多称其为唐明皇，另有尊号"开元圣文神武皇帝"。李隆基在位期间开创了唐朝的鼎盛时期，史称"开元盛世"。

但到了晚年，唐玄宗骄奢淫逸，终日只顾与杨贵妃游乐，不理朝政。他罢免良相张九龄，任用奸臣李林甫，朝政每况愈下，为安史之乱埋下了祸根。

禄山崛起，大唐危机暗藏

安禄山，营州胡人，原来姓康，母亲阿史德氏曾是女巫，在突厥统治时到轧荦山为求子祈祷，回家之后果然怀孕，于是生下来后取名轧荦山。轧荦山的父亲死后，母亲改嫁给一个吐蕃小头目安延偃。轧荦山即随母到了安家，改姓为安，名为禄山。后来因为所居部落离散，安禄山与安家另一个儿子安思顺一起逃到幽州，投到当时的平卢节度使张守珪旗下。

唐开元二十五年（737）二月，张守珪破契丹于捺禄山。第二年，他的裨将假借张守珪的命令，发兵攻叛奚，遭受大败。在向朝廷的报告中，"守珪隐其败状，而妄奏克获之功"（《旧唐书·张守珪传》）——张守珪把吃败仗的事按下不表，反而夸大战功。这件事被人举报，玄宗派宦官牛仙童前往调查，牛仙童接受张守珪的贿赂，回到朝廷替张守珪圆场，这事就过去了。谁知到了开元二十七年（739），牛仙童接受边将贿赂的罪行暴露，被玄宗处死。张守珪本来也应该受到重处，但朝廷念及他过去战功不少，从轻处罚，把他贬到括州任刺史。括州，治所在今浙江丽水县。到任不久，张守珪因为背上的大疮恶化，不治而死。

就在张守珪被贬官后不久，开元二十八年（740），安禄山被任命为平卢军兵马使。兵马使是军区司令员"节度使"之下的最高武职僚佐，打仗时是前线总指挥。第二年三月九日，加特进，享受了正二品的待遇，这个待遇在当时是很高的。

御史中丞张利贞为河北采访使，至平卢。安禄山巧言献媚，巴结奉承，又以金帛贿赂张利贞左右，因此大得张利贞欢心。张利贞回到朝廷，盛称安禄山的才能，玄宗任命安禄山为营州都督，充平卢军使，知左厢兵马使，支度、营田、水利、陆运副使，押两蕃、渤海、黑水四府经略使，顺化州刺史。天宝元年（742），安禄山又被任命为节度使。安禄山由一员武将升为司令员，又身兼数职，把东北地区的经济、行政、交通运输、外交等事务都管起来了。在这些职务中，最重要的是平卢节度使，其他不过是其兼职。"平卢节度镇抚室韦、靺鞨，统平卢、卢龙二军，榆关守捉，安东都护府，屯营、平二州之境，治营州，兵三万七千五百人"（《资治通鉴》卷215）。

做到节度使，就有了直接与皇帝打交道的机会。天宝元年（742），朝廷任命安禄山为羽林大将军、员外置同正员，兼柳城郡太守，持节充平卢军节度使，摄御史大夫，管内采访、处置等使。这其中只有柳城郡太守、平卢军节度使和采访处置使是实职，其他只是代表一种级

别或身份而已。这次任命的重要性在于"管内采访处置使",其职责是考察辖区内地方官员的政绩,地方官们的升降以对他们的考察为依据,这使安禄山更容易控制辖区内的官员们,更容易安插其党羽,扶植个人势力。

安禄山升任节度使,除了张守珪出事落马为他提供了空缺之外,唐朝边防政策的变化也为他创造了必要条件。

唐朝建立以来,统兵出征或御边的将军都选用忠厚名臣,不长久担任元帅,不以宰相或权臣遥领,也不让一人兼任几个军区的长官,战功卓著的常常入朝为宰相,如李靖、刘仁轨、娄师德等人都曾出将入相。玄宗即位以后,薛讷、郭元振、张嘉贞、王晙、张说、杜暹、萧嵩、李适之等人,都是以边帅入朝任宰相。那些出身四夷蕃族的将军,即便像阿史那社尔、契苾何力那样才略出众,也不曾专任一军元帅,而是另用朝廷大臣为使职,对藩将加以管领。如阿史那社尔率兵攻打高昌,侯君集为元帅;契苾何力攻打高丽,李勣任元帅。

天宝三年(744),朝廷加封安禄山兼任范阳节度使,任命礼部尚书席建侯为河北黜陟使,席建侯称赞安禄山公正无私,朝廷宰相李林甫、户部尚书裴宽也都称颂安禄山忠君爱国。以上三个人都是玄宗所信任的大臣,于是安禄山愈加受到玄宗的宠信。此时,安禄山完成了对玄宗政治声势上的包围。正是由于玄宗这种稳固不可动摇的信任,造就了日后的安史之乱。

天宝十年(751)二月,朝廷任命安禄山为河东节度使。至此,安禄山一身兼三大军区司令长官,又担任掌握河北道各级官员仕途命运的采访处置使,权力迅速膨胀。史书上说他"赏刑己出,日益骄恣"——在三镇和河北道,对官员们的奖赏和惩罚都由安禄山决定,他就越来越不把朝廷放在眼里了。

身任三镇节度使,三大军区的军力已经足以与全国抗衡。按照天宝元年前后唐朝的边防部署,河东节度使下兵55000人,范阳节度使下兵91400人,平卢节度使下兵37500人。合计183400人。实际上,天宝年间,各节度使的兵力都不断增长,安禄山既蓄意谋叛,更是暗中扩大兵员，手下直属的部队会远远超过公开的数字。经过 10 年的扩充，此时安禄山手下三镇兵马可能已超过 20 万。在安禄山治下的河北地区，还有数目不详的地方武装，被称为"团练"，后来也为安禄山所用。另外安禄山还控制着边外一些少数民族的军队，如室韦、同罗、奚、契丹等，战时他们也听命于安禄山。后来安禄山举兵南下时，他们都参与其中。

唐王朝内轻外重的边防形势，为安禄山叛军乘虚而入创造了条件。天宝初年全国边兵除安禄山三镇外，另有六节度使和一个经略使，总兵力 293000 人。10 年后，有所增加，但数字不详。但这些兵马都分散布置在今内蒙古、甘肃、新疆、四川、云南、广东等地，路途遥远。一旦发生内乱，能够迅速投入平叛的部队几乎没有。中央和内地控制的兵力仅 8 万多人，尤其像两都的禁卫军都是长期不经战阵的部队，徒存虚名而已。在安禄山直指洛阳、长安的进军途中，朝廷能够抵御叛军的正规部队完全没有。后来调集的抵御部队都是临时招募的新兵，皆不堪一击。再加上杨国忠因裙带关系爬上高位，众心不服，政局黑暗，更为安禄山作乱提供了借口，可谓"师出有名"了。

安史叛乱，大唐国本动摇

天宝十四年（755）十一月中，安禄山偷偷与部将严庄、高尚、阿史那承庆等密谋，假称接到皇上的密令，让手下军队入朝讨伐杨国忠。各位将领中，没人敢说个不字。不久，安禄山调集了浩浩荡荡的 15 万兵力，朝南进发。玄宗却全然不知且毫无防备。天宝十五年（756）正

月，安禄山在洛阳称帝，国号燕，年号圣武，任命达奚珣为侍中、张通儒为中书令、高尚和严庄为中书侍郎，且分兵四路，威胁大河南北等郡。

至德二年（757）正月，安禄山被其子安庆绪杀死。九月，郭子仪率军收复长安，旋又收复东都。安庆绪退守邺郡（治所在今河南安阳）。干元元年（758）九月，肃宗调遣朔方郭子仪等九节度使率兵 60 万，进讨安庆绪。十月，唐军进围邺城。

干元二年（759），史思明在魏州（今河北大名北）自称大圣燕王。于此之际，他虽仍名为燕臣，实已自成体系。称王之后，他用 5 万精兵，与 60 万唐军展开了一场大决战，因突起大风，飞沙走石，双方都受到了惨重的损失。旋即，他兵进邺城南郊。日暮途穷的安庆绪，为取得史思明的支持，不得已对他上表称臣。史思明诱以互结兄弟之国，将安庆绪骗至其营杀死又兼并了安庆绪之众后，返回范阳自称大燕皇帝，改元顺天，将范阳定为燕京。

在大燕从安家王朝变为史家王朝后，有不凡军事才干的史思明，以自己的构想，再度南下发展。他渡过黄河，连下汴州（今河南开封）、郑州（今河南），攻克了洛阳，出兵向陕州经营。

史思明虽精于军事，但因残忍好杀，使得部下多有寒心。他先立了长子史朝义为太子，立后又欲以少子史朝清取而代之，并密谋诛杀史朝义。史朝义的性情较为谦谨，很是爱惜将士，故颇得人心。拥护史朝义的力量捷足先登，于上元二年（761）杀死了史思明，在洛阳拥立史朝义为帝。

史朝义登位后，由于在范阳诛杀史朝清母子，导致了内部互相残杀，使范阳陷入了长期的混乱，先后死了数千人，从而严重地自损了叛军的实力。各路节度使各自为政，对史朝义仅剩下名义上的隶属关系。叛军尽管地跨河北、河南，实则已经分崩离析，一蹶不振了。

宝应元年（762）四月，肃宗病重弥留，张皇后与越王李系谋诛专权宦官李辅国，事泄被杀，肃宗驾崩。太子李豫即位，是为代宗。同年十月，代宗以雍王李适为天下兵马元帅，统领诸道唐军和回纥兵，收复洛阳，史朝义北逃范阳。代宗广德元年（763）正月，史朝义逃至广阳（今河北房山东北）附近，众叛亲离，自缢而死。其部将相继投降。长达八年之久的安史之乱至此平息。

安史之乱的后果是极其严重的，其影响大致可以分为下列几点：

第一，安史之乱，使唐王朝自盛而衰，一蹶不振。此后实际上统一的中央王朝已经无力再控制地方，安史余党在北方形成藩镇割据，各自为政，后来这种状况遍及全国。安史乱起，唐王朝分崩离析，已经没有力量镇压这次叛乱，只好求救于回纥以及由少数民族出身的大将。当史思明之子史朝义从邺城败退时，唐遣铁勒族将领仆固怀恩追击，仆固与唐王朝有矛盾，为了私结党羽，有意将安史旧部力量保存下来，让他们继续控制河北地区，使安史旧将田承嗣据魏博（今河北南部，河南北部）、张忠志（后改名李宝臣）据成德（今河北中部）、李怀仙据幽州（今河北北部），皆领节度使之职。这就是所谓"河北三镇"。三镇逐渐"文武将吏，擅自署置，赋不入于朝廷"，把地方军事、政治、经济大权皆集于一身，"虽称藩臣，实非王臣也"。以后其他地区，如淄青（今山东淄川、益都一带）李正已，宣武（今河南开封、商丘一带）李灵曜，淮西李希烈等皆各自割据，不服朝廷管理。这些方镇或"自补官吏，不输王赋"，或"贡献不入于朝廷"，甚至骄横称王称帝，与唐王朝分庭抗礼。直到唐亡，这种现象也没有终止。

第二，阶级压迫和统治阶级的压榨更加深重，因而促使农民和地主阶级的矛盾日益尖锐化，最后迫使农民不得不举兵反叛，形成唐中叶农民暴动的高潮。安史之乱后，国家掌握的户口大量减少。潼关和虎牢关之间，几百里内，仅有"编户千余"，邓州的方城县，从天宝时的万余户，骤降至200户以下。政府却把负担强加在犹在户籍上的农民，所谓"靡室靡农，皆籍其谷，无衣无褐，亦调其庸"。唐宪宗元和年间，江南八道140万户农民，要负担唐朝83万军队的全部粮饷，所以"率以两户资一兵，其他水旱所损，征科妄敛，又在常役之外"。在藩镇统治下的人民，也遭受着"暴刑暴赋"，如田承嗣在魏博镇"重加税率"，李质在汴州搞得地区"物力为之损屈"，等等。唐政府和各藩

镇的横征暴敛，终于激起了农民的不断武装叛乱，代宗一朝，"群盗蜂轶，连陷县邑"，其中规模较大的有发生于宝应元年（762）的浙东袁晁之乱，同年的浙西方清之乱，以及同期的苏常一带的张度之乱，舒州的杨昭之乱，永泰年间（765）邠州之乱，等等。这些叛乱虽说很快就被镇压，但更加削弱了唐朝的力量。

第三，战乱使社会遭到了一次空前浩劫。《旧唐书·郭子仪传》记载："宫室焚烧，十不存一，百曹荒废，曾无尺椽。中间畿内，不满千户，井邑榛荆，豺狼所号。既乏军储，又鲜人力。东至郑、汴，达于徐方，北自覃、怀经于相土，为人烟断绝，千里萧条"，几乎包括整个黄河中下游，一片荒凉。杜甫有诗曰："寂寞天宝后，园庐但蒿藜，我里百余家，世乱各东西。"这说明经过战乱，广大人民皆处在无家可归的状态中。

第四，经过安史之乱，唐王朝也失去了对周边地区少数民族的控制。安禄山乱兵一起，唐王朝将陇右、河西、朔方一带重兵皆调遣内地，造成边防空虚，西边吐蕃乘机而入，尽得陇右、河西走廊，安西四镇随之全部丧失。此后，吐蕃进一步深入，唐政权连长安城也保不稳了。唐王朝从此内忧外患，朝不保夕，更加岌岌可危。

安史之乱是一场典型的叛乱，毫无正义可言，其破坏甚烈，危害甚大。北方大部分地区民户离散，屋舍焚毁，人烟断绝，白骨遍野，千里萧条，以致荆棘丛生，豺狼出没。其摧毁了北方经济的基础，遂使经济重心向南方转移。其归降唐廷的各节度使，肇始了独立与半独立的方镇割据。

安史之乱是野蛮的，其野蛮程度是可以管中窥豹的：连续两次的子杀父，连续三次的臣杀君，足见这个集团泯灭了基本的人性。连起码的人性都不具备，更遑谈什么得民心、得天下。

从开元之治到安史之乱，从大盛世走向大灾难，整个唐朝经历了大喜大悲，整个中国经历了大喜大悲。

安史之乱是唐王朝由盛向衰的转折点，贻害无穷。一是战乱多年，民生困顿，人丁寥落，经济凋敝，政事不行，民不聊生，整个国家社会文化经济受到重创。二是朝廷日弱，方镇坐大。平乱之后，"武夫战将以功起行阵为侯王者，皆除节度使"，藩镇力大势盛，遂成尾大不掉之势；天子力不能制，姑息愈甚，则骄横愈甚，天下分裂于方镇，此则为祸端。三是政治上走向衰败。藩镇的专横搜刮，激起不断的农民暴动，比如黄巢的农民起义。内忧外患，唐王朝的统治渐至崩溃，直到哀帝天祐末年（907），朱温颠覆李唐，进入五代十国的分崩离析丧乱时期。

第二章

藩镇割据，大唐覆亡

　　安史之乱后，中央集权削弱、藩镇强大、互相争战。各地节度使独揽一方军政财权，不受中央政令管辖。至 9 世纪初，全国藩镇达 40 余个，它们互相攻伐，或联合对抗中央。朝廷屡图削弱藩镇，但是收效甚微。各地藩王的势力日增，最终藩帅称帝，盛极一时的大唐走向了灭亡。

强弩之末，大唐名存实亡

安史之乱被平定后，安史余部并没有被完全消灭，唐代宗为了获得暂时的安定，把仍有较大实力的安史部将任命为节度使，同时在平定安史之乱的过程中，唐朝对内地掌兵的刺史也给以节度使的称号，到安史之乱平定以后，节度使数量已相当多。这些节度使都有一定的军事实力，大的占有十余州，小的也有三四州，自己任命官员，掌握本地赋税收入，父死子继，或者由部将拥立，完全独立于唐朝的政治体系之外，平时互相攻战，强大时就向唐王朝发难，威胁唐王朝的安全。

永贞元年（805）正月，唐德宗死，太子李诵即位，这就是唐顺宗。他在东宫20年，比较关心朝政，从旁观者的角度对唐朝政治的黑暗有深切的认识。唐顺宗即位时已得了中风不语症，但还是立刻重用王叔文、王伾等人进行改革。

王叔文，越州山阴人（今浙江绍兴）。王伾，杭州人，一个是棋待诏，一个是侍书待诏，原先都是顺宗在东宫时的老师，他们常与顺宗谈论唐朝的弊政，深得顺宗的信任。在顺宗即位后，他们和彭城人刘禹锡、河东人柳宗元等人一起，形成了以"二王刘柳"为核心的革新派势力集团。他们维护统一，主张加强中央集权，反对藩镇割据，反对宦官专权。王叔文、王伾升为翰林学士，王叔文兼盐铁副使，推韦执谊为宰相，柳宗元为礼部员外郎，刘禹锡为屯田员外郎，共同筹划改革事宜。

他们围绕打击宦官势力和藩镇割据这一中心，进行了一系列改革，主要内容如下：

第一，抑制藩镇。第二，打击贪官。第三，罢宫市、五坊使。第四，取消进奉。第五，打击宦官势力。

此外，王叔文等还放出宫女 300 人、教坊女乐 600 人还家，与家人团聚。

从这些改革措施看，革新派对当时的弊政的认识是相当清楚的，在短短几个月的时间里，革除了一些弊政，受到了百姓的拥护。但同时，革新的主要矛头是对准当时最强大、最顽固的宦官势力和藩镇武装的，所以革新派面对的阻力很大。

因为实力掌握在宦官和藩镇手中，而革新派则是一批文人，依靠的是重病在身的皇帝，而皇帝基本上又是在宦官们的控制之中，所以，在必要的时候，宦官们随时都可以把改革派一网打尽。

早在永贞元年三月，宦官俱文珍等人就一手操办，将顺宗长子广陵王李淳立为太子，更名为李纯。

七月，俱文珍又伪造敕书，罢去了王叔文翰林学士之职，王伾竭力争论，才允许王叔文三五日到一次翰林院。不久，王叔文母亲去世，王叔文归家守丧，王伾孤立无援。这时王伾请求宦官起用王叔文为相，统领北军，继而又请起用王叔文为威远军使、平章事，但都未得允许。革新派人士已是人人自危。这一天，王伾又两次上疏，都没有得到任何答复，知道大势已去。当天夜间，王伾得中风症，第二天回到自己的府邸。

同时，韦皋上表请求由皇太子监国，又给皇太子上疏请求驱逐王叔文等人，荆南节度使裴均、严绶等也相继上表。于是，俱文珍等以顺宗的名义下诏，由皇太子主持军国政事。八月，宦官拥立李纯即皇帝位，即唐宪宗，顺宗退位称太上皇。

到第二年，顺宗也被宦官害死。

在宪宗即位后，革新派纷纷被贬斥，而像杜黄裳、袁滋、郑细等依附于宦官的官僚纷纷得到重用。王叔文被贬为渝州司马，第二年被赐死。王伾被贬为开州（今四川开县）司马，不久病死。其余柳宗元、

刘禹锡等6人都被贬为边远州的司马。

因此，这次革新运动也叫"二王八司马"的革新运动。

永贞革新运动被扼杀，唐朝政治更加黑暗。从此唐朝又开创了一个新的恶例，每个皇帝都把自己任用的人当作私人，继位的皇帝对前帝的私人，不论是非功过，一概予以驱除。宦官拥立皇帝，朝官分成朋党，本来就有相沿成习的趋势，在唐宪宗以后，都开始表面化了。

唐末的天下呈现了三足鼎立之势：长江以北，大体以黄河为界，黄河以北是藩镇割据所辖区，黄河以南是唐朝统治区，长江以南则为流寇流窜之所。

藩镇割据，军阀作乱，虽然把天下瓜分成条块，严重的时候一片乌烟瘴气，但是军阀永远不成气候，因为军阀往往以单纯的武力来压制很小的地区，彼此间本身就是一个制衡，自身利益的过多考虑，使得彼此间形成强大凝聚力的概率很小。

而流寇的杀伤力就要严重得多了，危害范围广，袭击也不确定。所以，藩镇割据多年，唐朝依然有招架之力，而流窜南北的黄巢起义军，短短六年，一举使唐帝国全面崩溃。

黄巢起义本来不能持续那么久的，唐王朝命令各地将领，镇压起义军的时候，各地藩镇都害怕跟义军交锋，互相观望，使起义之势愈演愈烈。

873年，唐懿宗死，僖宗立，政治黑暗，财政亏空年达300万贯。这一年又逢黄河中下游遭受旱灾，夏季麦收一半，秋季颗粒不收，农民只好以野菜、树皮充饥。在这种情况下，政府的徭役、赋税仍未减轻，逼得农民无法生活。

当时盐税特别重，加上奸商抬高盐价，百姓买不起盐，只好淡食。有些贫苦农民，为了逃避官税，就靠贩私盐挣钱，但贩私盐是很危险的，要有一些伙伴一起干，日子一久，就结成一支支贩私盐的队伍，在他们中间，涌现了一些首领，有的后来成为农民起义军的领袖。

874年，盐贩首领王仙芝，聚集了几千农民，在河南长垣起义。王仙芝自称"天补平均大将军兼海内诸豪都统"，发出文告，揭露朝廷官吏造成贫富不均的恶行。这个号召很快得到贫苦农民的响应，不久，盐贩黄巢也起兵响应。

黄巢和王仙芝两支起义队伍会合之后，转战山东、河南一带，接连攻下许多州县，声势越来越大。唐王朝非常恐慌，命令各地将领，镇压起义军，但是各地藩镇都害怕跟起义军交锋，互相观望，使唐王朝束手无策。

在起义军攻下蕲州（今湖北蕲春）的时候，他们派宦官到蕲州见王仙芝，封他"左神策军押牙兼监察御史"的官衔。王仙芝听得有官做，表示愿意接受任命。

黄巢不同意，说："当初大家起过誓，要同心协力，平定天下，现在你想去当官，叫弟兄们往哪里去？"

王仙芝于是拒绝任命，把唐朝派来的宦官赶跑。经过这番波折，黄巢决定跟王仙芝分两路进军。王仙芝向西，黄巢向东。不久，王仙芝率领的起义军在黄梅（今湖北）被唐军打败，他本人也被杀死。

王仙芝失败后，起义军重新会合，大家推黄巢为王，称冲天大将军。当时，官军在中原地区力量比较强，黄巢选择官军兵力薄弱的地区，带兵南下。他们顺利渡过长江，打进浙东。起义军一路势如破竹，接连打下越州、衢州（今浙江衢江区）；接着，又劈山开路，打通了从衢州到建州（今福建建瓯）的700里山路。经过一年多的长征，一直打到广州。

黄巢也曾经希望朝廷招安，让他做广州节度使，此计未成，偏偏岭南地区发生瘟疫，黄巢决定再带兵北上。唐王朝命令荆南节度使王铎、淮南节度使高骈集合大批官军沿路拦击，被黄巢起义军一个个击破。起义大军顺利地渡过长江，吓得高骈推说得了中风症，躲进扬州城不敢应战。

黄巢起义军横扫江南，不是单靠军事攻势，主要靠政治号召和当地穷苦无告的农民的响应。起义军渡过淮河时，曾向官军将领发出大意是这样的檄文："我们进攻京城，只向皇帝问罪，不干众人的事。你们各守各的地界，不要触犯我们的锋芒！"

880年，黄巢带领60万大军，浩浩荡荡开进潼关。潼关周围满山遍野，飘扬着起义军洁白的大旗，一眼望不到边。守潼关的官军还想顽抗，黄巢亲自到阵前督战，将士们见了，一齐欢呼，声音在山谷间回响，震天动地。官军将士听了心惊胆战，哪敢抵抗，纷纷烧掉营寨，四下逃命。

起义军攻下潼关，唐王朝惊慌失措，唐僖宗和宦官头子田令孜带着妃子，逃到成都去了，来不及逃走的唐朝官员全部出城投降。

当天下午，黄巢坐着金色轿子，在将士的簇拥下，在长安大明宫即位称皇帝，国号叫大齐。一入国都，黄巢就被自己所设的陷阱困住，从此失去流动性。黄巢在当皇帝之前和当皇帝之后，好像是截然不同的两个人。称帝前战无不胜，攻无不取，称帝后则困守长安孤城，一筹莫展。黄巢从当皇帝的那一天开始，就陷入千万争宠的宦官与宫女之手，与宫门外的世界完全隔绝。创业时代跟下属那种亲密相依的无间感情化为乌有。下属们在猎得官位后，也沉湎于他们过去所痛恨并反对的纸醉金迷的生活。

起义军政权建立后，黄巢没有乘胜追击，也没有消灭关中附近的禁军，使逃到四川的唐僖宗站稳了脚，并集结了残余势力，联络各地军阀武装反扑过来。在起义高潮中一些暂时投降的节度使，也乘机起兵。黄巢军没有根据地，很快陷入唐军包围之中，长安城里的粮食供应发生了严重困难。黄巢就更大开杀戒，因此和居民的关系日益恶化。

在起义军最困难的时候，黄巢的部将朱温投降了唐朝，做了叛徒。唐王朝又召来了沙陀（西北少数民族）贵族、雁门节度使李克用，率领4万骑兵进攻长安。起义军15万迎战，遭到大败，只好撤出长安。

黄巢带领起义军撤退到河南，又遭到朱温、李克用的围攻。884年，黄巢在攻打陈州（今河南淮阳）失败之后，受到官军紧紧追赶，最后，退到泰山狼虎谷，英勇牺牲。

黄巢领导的唐末农民起义，渡过长江四次、黄河两次，从北到南，再从南回到北，这一来一回，耗尽了唐帝国的元气，此时，大唐已名存实亡了。

割据之风，田承嗣来首开

安史之乱平定后，唐朝元气大伤，朝廷无暇追究叛军旧部的罪责，只能采取姑息政策，委任他们的首领为节度使。田承嗣本是安禄山的旧部，向唐朝投诚以后，又在唐军著名将领仆固怀恩的帮助下得以割据一方，成为藩镇节度使中的领军人物。田承嗣首开河北三镇割据称雄的风气，为唐王朝迅速走向衰亡埋下了伏笔。

田承嗣（705—779），平州卢龙（今属河北）人，出生于一个军人世家。祖父田璟，为郑州司马。父田守义，官至安东副都护，以豪侠闻名。开元末年，田承嗣任安禄山卢龙军前锋兵马使，在和奚、契丹人的战斗中屡立战功，升至武卫将军。

他治军严整，在任兵马使时，安禄山曾在一个大雪天巡视各军营，刚走进田承嗣军营，营内寂静无声，若无一人。但进入营内检阅士籍，又无一人不在营内，因此深受安禄山器重。

755年，安禄山兴兵反唐，作为主将之一的田承嗣随军南下。一路接连攻陷城池，所向披靡。在成功地攻陷了荥阳郡之后，安禄山封田承嗣为行军前锋，继续向唐朝的东都洛阳逼近。其后，田承嗣带领人马在洛阳东郊大败唐朝名将封常清，并顺势占领了洛阳。

756年，安禄山在洛阳自立为帝。757年春天，田承嗣又一举攻陷了南阳。同年冬天，唐军奋力反击，先后夺回了两京，形势出现逆转。田承嗣见形势不妙，立刻派人向唐将郭子仪求降，但之后又反悔。759

年春天，史思明从范阳带领 10 万大军南下，一个月后，叛军在南阳河北与唐军展开大战。因为唐军没有设置统帅，缺乏统一的指挥者，不能联合作战，最后唐军溃败，形势扭转，叛军又重振声势。史思明在掌握叛军军权后，便迫不及待地领军返回范阳自立为帝。同年秋天，史思明又一次发兵洛阳。前锋田承嗣再度拿下洛阳，并被授予魏州刺史。760 年冬天，史思明命田承嗣攻打淮西，占领睢阳后升任为睢阳节度使。

762 年秋天，唐军在回纥军的增援下，对叛军再次发动反攻，夺回了洛阳。史朝义连连败退，最后逃到卫州。763 年初，唐军陆续收回了全国的大部分州郡，田承嗣眼见叛军势力渐弱，便接受唐将仆固怀恩的招抚，摇身一变成为唐朝官吏。朝廷没有精力监管各地节度使，便极力满足他们的各种要求，晋级赏封毫不吝啬。

唐代宗李豫甚至还将其女永乐公主下嫁给田承嗣之子田华，以示恩宠，欲结其心。但田承嗣本性凶顽、反复无常，皇帝的恩宠只能使他志满而骄，更加肆意妄为。

他征收重税，修缮城池、兵甲，强征所有壮丁从军，留下老弱耕作，数年之间拥兵 10 万之众，还专擅辖地内政治、经济、财政，官吏全部由自己任命，户口不向朝廷通报，而且从不向朝廷缴纳赋税，成为了一个独立王国。

他虽表面上自称藩臣，实际上是独立的国王。他还招募军中剽悍的子弟置于部下，作为自己的侍卫，号称牙军。平日对他们恩宠异常，供给丰厚。

牙兵"父子世袭，姻党盘互，骄悍不顾法令"。当时有句谚语说："长安天子，魏府牙军。"这支强悍的牙军，成为田承嗣割据称雄的马前卒。田承嗣还同任河北各藩镇节度使的安、史旧将朋比胶固，与成德节度使李宝臣、相卫节度使薛嵩、卢龙节度使李怀仙等"结为婚姻，互相表里"；同时还招降纳叛，网罗安、史余党，各人都拥劲卒数万，自治的程度基本上一样。

773 年九月，田承嗣竟然冒天下之大不韪，公然在自己管内分别为安禄山、史思明父子立祠堂，并尊称为"四圣"。安史之乱，祸国殃民，早已为天下切齿痛恨，但田承嗣却明目张胆地为旧主扬幡招魂，还尊为"圣人"，足见其狼子野心不死。

对于这一严重事件，唐代宗李豫并没有大张挞伐，只是让内侍魏知古出使时，劝他毁掉。之后还应其所请，于十月加田承嗣同平章事，以示褒奖。在看出朝廷的虚弱后，田承嗣的分裂割据活动开始愈演愈烈了。

相卫节度使薛嵩死，朝廷以其弟薛崿知留后。田承嗣诱使昭义镇将吏作乱。775年正月，昭义兵马归附了田承嗣。田承嗣乘机出兵，声言救援，却乘机袭取了相州。战事发生以后，朝廷立即选用薛择为相州刺史，薛雄为卫州刺史，薛坚为洺州刺史，同时还派魏知古告谕田承嗣不要越界。

田承嗣却拒不奉诏，仍然派大将卢子期攻取洺州，杨光朝攻取卫州。他还诱使卫州刺史薛雄归附自己，薛雄不从，即暗中派人将其妻子老小全部杀害，一举占据相、卫等四州，委派官员，将其精兵良马全部掠回魏州，地盘和实力都得到大大增强。

为了名正言顺，他还胁迫魏知古与他一同巡视磁、相二州，而暗中却让其侄田悦劝说诸将打着为民请命的旗号，去魏知古那里请求以田承嗣为帅，魏知古是砧板上的一块肉，自然不敢追究。

田承嗣武力夺取相、卫四州之地，证明唐廷对藩镇的笼络姑息政策彻底破产，唐廷不得不用武力征讨。四月，唐代宗李豫下诏，宣布田承嗣劫夺州郡、对抗朝廷的罪状，将他贬为永州刺史，仍许一幼男女从行，同时还诏命成德节度使李宝臣、幽州节度留后朱滔、昭义节度李承昭、淄青节度李正己等八节度使，合力讨伐田承嗣。

本来田承嗣与河北藩帅同为安、史旧将，气味相投，兼以婚姻关系，朋比为奸。但由于他平日一向轻慢李宝臣、李正己，又逢李宝臣之弟李宝正（田承嗣女婿）在魏州打马球时，因马受惊撞死了田承嗣之子田维而被田承嗣所杖杀，由此两镇关系恶化，因此，二李主动请求讨伐田承嗣。再加上朱滔恭顺皇室，因此河北诸藩帅此时都为朝廷

效力。

朝廷讨伐田承嗣的诏命下达以后，各藩帅很快行动起来。朱滔、李宝臣与河东节度使薛兼训率军从北面进击，李正己与淮西节度使李忠臣从其南侧进击，一时大兵压境，田承嗣连吃败仗。

五月三日，田承嗣将领霍荣国举磁州之地投降，十五日，李正己攻破德州，李宝臣率步骑4万包围了卫州。但田承嗣并不甘心束手待毙，他采取了以攻为守的策略。六月，派其将裴志清进攻冀州，不料裴志清却投降了李宝臣。田承嗣亲自率兵进围冀州，也被李宝臣击败，烧毁了辎重，只得狼狈逃回。

形势一天比一天恶化。田承嗣见各道兵马渐渐围拢，部将也多叛逃，余下的也多惶恐不安，再难以相持，遂于八月上表，"请束身归朝"。

但这只不过是他的缓兵之计。没过几天，他又派卢子期进犯磁州。九月，李宝臣与李正己合力进围贝州，田承嗣率兵去救。因朝廷对二李两军赏赐各有厚薄，士卒有怨言，恐怕发生事变，二李遂自行撤军。接着，李宝臣与朱滔进攻沧州，因田承嗣堂弟田庭玠固守，一时也未能攻克。

田承嗣虽在北线暂时稳住了阵脚，但南线形势却十分紧张。

卢子期进攻磁州，眼看将破，李宝臣与昭义留后李承昭却突然率援兵赶到，内外攻击，卢子期兵败被俘，斩于长安。与此同时，在河南诸将的攻击下，田悦的军队在陈留也吃了大败仗。

这使得田承嗣心里着实恐惧与不安，但这个老奸巨猾的枭雄马上想出一条诡计：首先，尽力与李正己恢复友好关系。

他释放了原先被他囚禁的李正己的使者，还对他礼遇有加；然后，他把管内户口、甲兵、谷帛的籍簿送与李正己，说："我年纪已老，没几天好活了，儿子们没用，侄子田悦也很懦弱。今日所有的东西，不过是为您把守而已，哪足以劳动您的大军！"

他跪拜于使者面前，亲自奉予簿书。同时又在大厅里挂起李正己的画像，还对着焚香礼拜。李正己被骗得迷迷糊糊，按兵不动。

于是河南诸道兵也不敢前进。田承嗣没有了南顾之忧，腾出手来对付北方。田承嗣在取悦了李正己、稳住了南线的阵脚以后，又挑拨离间北线藩帅的关系。

他得知成德节度使李宝臣的故乡里在范阳，从小在乡里长大，常欲得到故乡之地，便雕刻一块石头，上刻："二帝同功势万全，将田为侣入幽燕。"暗中使人把它埋在李宝臣故乡之地，又让望气者声称那里有王气，李宝臣派人去挖掘，果然得到一石。

之后，田承嗣又令说客劝李宝臣说："您与朱滔共取沧州，得到了，地也归国家，而非您所有。您如果能舍承嗣之罪，我愿把沧州交给您，再和您一起取范阳。您率精骑为前驱，承嗣以步卒相随，岂有不胜之理。"

李宝臣也被他说得神魂颠倒，又以此事和石头上的谶语相符，于是和田承嗣通谋取范阳，田承嗣陈兵边境，摆出一副共同进退的姿态。

时范阳节度留后朱滔驻军瓦桥，李宝臣选精锐骑兵 2000，夜间疾驰 300 多里，直趋瓦桥。因两军平时关系不错，朱滔军对李宝臣的袭击完全没有准备，仓皇出战，结果大败。李宝臣本想乘胜攻取范阳，但朱滔已使雄武军使刘怦严加守卫，李宝臣不敢贸然进军。

田承嗣得知李宝臣中了圈套，两军已经交战，无暇他顾，于是率兵南下，并派使者告诉李宝臣说："河内有警，没办法跟随您。石上谶文，是我和您开个玩笑罢了！"

李宝臣这才如梦初醒，既羞又怒，但悔之已晚，只好退兵，但此时北线的危机已被田承嗣解决了。

唐廷调动了八个藩镇的兵力进讨魏博镇，打了近一年，都没有什么进展。期间田承嗣曾两次上表，请求入朝谢罪；李正己也屡次上表为他说情，请朝廷允许他改过自新。

776 年二月，唐代宗李豫下诏，赦免其罪，恢复其官爵，准许与家属一起入朝，部下一律不予追究。可田承嗣生性贪婪、知恩不报，唐皇对他的恩宠只会让他忘乎所以，更加猖狂。

779 年二月，田承嗣病死，时年 75 岁。田承嗣虽有 11 个儿子，但

他更喜爱的是勇冠三军的侄子田悦，临终时命田悦知军事，让诸子辅佐。田悦接过大旗，继续和朝廷对抗。自田承嗣专擅魏博镇以后，四世传袭，49 年不奉朝廷号令。

唐朝大将，仆固怀恩反唐

仆固怀恩本是铁勒九大姓之一仆骨部，因音讹为仆固，以部落为姓。历史上，仆固部与中原王朝的关系一直是"时叛时降"，其祖先最早为匈奴别部，后又成为突厥的臣属。唐太宗贞观二十年，包括仆固部落在内的铁勒九姓附唐，几世为金微都督，到仆固怀恩这辈，已历四世。

646 年，铁勒九姓大首领率众降，唐廷分置瀚海、燕然、金微、幽陵等九都督府，以仆骨歌滥拔延为右武卫大将军、金微都督，后讹传为仆固氏。仆固怀恩是其孙，世袭金微都督，自幼骁勇果敢。安史之乱爆发，他任朔方左武锋使，跟随郭子仪开始了平叛的战斗生涯。754 年十一月，击败叛将高秀岩，收复了静边军（今山西右玉）。十二月十二日，叛将薛忠义率兵反扑，郭子仪派李光弼和仆固怀恩等人分兵进击，大破薛忠义，斩杀叛将周万顷，坑杀叛军骑兵 7000 余人，获得了唐军开战以来的第一场胜利。756 年，仆固怀恩配合李光弼，与史思明战于常山、赵郡、沙河、嘉山等地，屡败史思明。七月，唐肃宗李亨即位后，他随郭子仪前往灵武，保卫李亨。九月，叛将阿史那从礼引诱各部藩兵数万人，集结于经略军，准备进攻灵武，仆固怀恩随郭子仪迎击。初战，其子仆固玢战败投降，随后又逃回来，仆固怀恩将其子痛骂一顿后斩首示众。将士们个个敬畏，作战时人人奋勇，大破叛军。李亨因兵力不足，派仆固怀恩和敦煌王李承寀使回纥借兵，仆固怀恩顺利完成使命。

唐肃宗至德二年（757）二月，仆固怀恩又跟从郭子仪攻克冯翊、河东两郡，袭破潼关。不久，贼将安守忠等人率大部叛军进攻唐军，双方苦战两天，唐军不支溃败，仆固怀恩退至渭水，由于没有舟船可渡，仆固怀恩抱着所骑战马的脖子渡河，幸免一死。五月，贼将李归仁率劲骑五千邀击郭子仪于三原北，"子仪窘急"。

九月，回纥王子叶护、将军帝得率领的 4000 精骑来到长安，这支部队是李亨和郭子仪都盼望已久的。擅长指挥骑兵的仆固怀恩奉命率领这支精兵，随唐军元帅广平王李俶（后更名李豫，即唐代宗）和副元帅郭子仪出战。九月二十七日，唐军 15 万于长安西南的香积寺列阵，李嗣业为前军，郭子仪为中军，王思礼为后军。长安的叛军出兵 10 万迎击。叛将李归仁首先冲锋，唐前军初战不利，向后败退。李俶立刻命仆固怀恩率领回纥精骑投入战斗，全歼了这支部队。唐军此战歼敌 6 万余人，叛将安守忠、李归仁等见无法再在长安立足，只好仓皇逃走。

第二天早上，李俶率军进城，百姓列队欢迎，很多人都感动得流下眼泪。十月十六日，郭子仪与叛军在新店大战，仆固怀恩率领的回纥精骑又一次在战斗中发挥了重要作用。此战唐军大胜，斩俘 10 万余人。收复洛阳后，仆固怀恩因战功加开府仪同三司、鸿胪卿，封丰国公，食邑二百户。758 年八月，回纥可汗又派来 3000 骑兵，李亨又把他们交给怀恩指挥。十月，他随郭子仪北渡黄河进击，破叛将安太清，攻下怀州、卫州，在愁思冈击败安庆绪，常任先锋，勇冠军中。

764 年八月，仆固怀恩靠哄骗和利诱，招引回纥、吐蕃联军 10 万人进扰唐边，郭子仪前往抵御。九月，郭子仪闻吐蕃军进逼邠州，即派长子、朔方兵马使郭晞率军万人前去救援。仆固怀恩前军进至宜禄，被邠宁节度使白孝德击败。十月，仆固怀恩引回纥、吐蕃军进逼奉天，郭子仪严阵以待，回纥、吐蕃军见无机可乘，遂不战而退。765 年九月，仆固怀恩再次引诱回纥、吐蕃、党项、吐谷浑、奴剌等部联军号

称 30 万，命吐蕃军从北道进攻奉天，党项军从东道进攻同州，吐谷浑、奴剌从西道进攻盩厔，回纥军跟随吐蕃军，仆固怀恩的部众又紧随其后。仆固怀恩在进军途中突然身染急病，只好退兵，初八，行至鸣沙时病死。郭子仪得知剩下的藩军内部不和，于是单骑入回纥游说，利用他崇高的威望成功劝说回纥与唐言和盟誓，并且转而攻击吐蕃军，获胜。仆固怀恩死后，大将张诏代领其众，被别将徐璜玉所杀；徐璜玉又被范志诚所杀，怀恩部下随后也相继归降唐廷，持续三年的仆固怀恩叛乱终于被平息下来。

仆固怀恩是当时的虎将，在平定安史之乱的战斗中，他家族中战死沙场者有 46 人之多。他自己每战都奋勇拼杀，女儿也为国家远嫁回纥和亲。他擅长指挥骑兵的本领和回纥精骑是一个完美结合，在战争中后期发挥了极大的作用，令叛军闻风丧胆，他的赫赫战功在中兴诸将中仅次于郭子仪、李光弼。后来反叛，三年中两次引藩兵大规模进犯，又对国家和百姓犯下了大罪。他的反叛虽有别人诬陷的因素，可是他自己的性格和所作所为也确实有许多可以指责之处。唐末内有藩镇作乱，外有吐蕃虎视，在内外交困的境况下促成了仆固怀恩的叛变反唐。

昭宗削藩，壮志满却成空

黄巢起义被镇压后，节度使朱玫又起兵反叛，攻入长安，僖宗不得不再次出逃，神策军将领宋文通陪护僖宗往凤翔避难，并杀退了朱玫的追兵。后来朱玫为部将所杀，宋文通在保护僖宗回长安的中途遭凤翔节度使的阻拦，宋文通率兵奋力抵抗，将其全部歼灭。唐僖宗因宋文通护驾有功而封他为节度使，并赐他李茂贞之名，李茂贞自此开始割据称雄。

僖宗病重时，他的儿子年龄尚小，因此朝臣们一致拥护他的弟弟吉王李保为继位国君，只有宦官杨复恭主张封立僖宗的弟弟寿王李杰。寿王即是后来的唐昭宗，他与僖宗是一母同胞，曾多次陪同僖宗出逃，很受僖宗看重。杨复恭以立嗣之事上奏僖宗，这时，僖宗已不能开口讲话，只是微微点头以示赞同。

888年春天，僖宗诏立寿王李杰为皇太弟，监军国事。僖宗死后，李杰遵照遗诏继承皇位，更名为晔，是为唐昭宗。

龙纪元年 (889) 昭宗即位，立志削藩。昭宗还是寿王的时候，就对宦官没好感；即位后，政事总是和孔纬、张溶等几个宰相商议。执掌军权的宦官杨复恭倚仗援立昭宗起过很大作用，十分骄横，总是乘坐轿子到太极殿。昭宗和宰相对此虽很恼火，但因他有兵权，怕他造反，不便立刻削权，便提拔杨复恭假子天威军使杨守立，企图通过杨守立削弱杨复恭的权威。

唐昭宗尚未来得及对付杨复恭，河东节度使李克用就擅自扩大地盘，向云州 (今山西大同) 发起了进攻。与李克用有矛盾的宣武节度使朱温，上表要求讨伐。唐昭宗因李克用在平定黄巢时有大功，犹豫不决，遂令群臣进行讨论。讨论的结果，除了张潜、孔纬之外，竟无人赞同，杨复恭反对尤烈。然唐昭宗终被张潜、孔纬说服，诏令削去李克用的官爵，以张潜为统帅，统领朱温等诸道兵，对李克用兴师问罪。遗憾的是，由于准备不足，加上诸道各怀己见，致使征讨遭到了败局。

李克用得胜后，上表指斥张潜，要求朝廷予以制裁，而杨复恭则乘机挟嫌报复孔纬。最终，唐昭宗不得不将张潜、孔纬贬为外官，恢复了李克用的官爵。张潜、孔纬外放后，向朱温求援。朱温上表为他们洗冤，言下之意罪在杨复恭。

得了朱温的声援，唐昭宗生出了铲除杨复恭之心。他以杨复恭谋反为名，命天威都将李顺节、神策军使李守节率兵，向杨复恭居住地进攻。杨复恭战败，率众逃奔兴元 (今陕西汉中)，以讨李守节为名，

与他的义子们联兵对抗朝廷。唐昭宗用凤翔节度使李茂贞为山南西道招讨使，以其本部兵，向兴元进攻。杨复恭再度失败，逃往间州 (今属四川)。

讨伐杨复恭的胜利，使李茂贞的名声得到了大幅度的增长，他居功自傲，上表的言辞极是傲慢无礼，且充满了羞辱性的指责，说唐昭宗"尊极九州，不能戮杨复恭一身"。

唐昭宗怒不可遏，决计征讨。宰相杜让反对，从小不忍则乱大谋的角度出发，劝谏暂不用兵。

然唐昭宗说："王室日益卑弱，号令不出京师。朕不甘为懦弱之主，浑借过日。"

他强令杜让进行协调，并征调禁军，向凤翔开去。然由于这禁军是新募之兵，且多是长安的市井少年，在遭遇凤翔军后，一触即溃。

李茂贞挥兵向长安扑来，京师震动。唐昭宗不得已，以杜让做了替罪羊，将他赐死，让李茂贞以凤翔节度使兼山南西道节度使，这才阻止了凤翔军的深入。

李茂贞成了长安附近地区最大的诸侯后，派兵向闻州进攻。杨复恭及其义子杨守信、杨守亮等力不能敌，向河中逃窜，途中为华州 (今陕西华县) 刺史韩建所获，被押往长安斩首。

在先后经历了对李克用、李茂贞两次用兵失败后，唐昭宗的威信已丧失殆尽，并逐渐沦落为诸侯们随意侮辱的对象。未出多久，邠宁节度使王行瑜会同李茂贞、韩建，各自领兵进入长安，将宰相韦昭度等人处死，并准备废黜唐昭宗，改立吉王李保为帝。陷入绝境的唐昭宗，向李克用求救。李克用出于政治发展的需要，立即率部向长安运动。时李克用部队的战斗力在天下名列前茅，王行瑜等不敢与其争锋，各自领兵退回了本镇。

李克用到达朝邑 (今陕西大荔)，击败了匡国节度使王行约。王行约退往长安，与其弟左军指挥使王行实大掠西市。李茂贞假子右军指挥使李继鹏，欲劫唐昭宗去凤翔。神策军中尉刘景宣与王行实闻讯，欲劫唐昭宗去邻州 (今陕西彬县)。为争夺天子，左军与右军相互攻战，长安大乱。幸有勇悍的盐州 (今陕西定边) 六部兵驻扎在京师，为左右两军所惮，唐昭宗急令前来护驾，方将两军分别逼去了邠州和凤翔。

王行瑜、李茂贞各自领兵，又逼近长安外围，准备劫持唐昭宗。唐昭宗逃往南山莎城镇，催促李克用进兵。李克用进至梨园寨，击败王行瑜。李茂贞向李克用求和，并向唐昭宗上表请罪。由此，唐昭宗方得以在李克用的护卫下返回长安。

待李克用返回河东后，李茂贞卷土重来，攻进长安，放火烧毁宫室、坊市，唐昭宗再度流亡，途中被韩建所得。韩建逼唐昭宗解散禁军，伙同宦官枢密使刘季述杀死了 11 个宗室王。然后，韩建将受尽凌辱的唐昭宗送回长安。

然屡经患难的唐昭宗，其英气仍未被磨灭，与宰相崔胤密谋，诛灭以刘季述为首的宦官。可刘季述等人闻得风声，捷足先登，发动禁军进行政变，废了唐昭宗。有朱温为后台的崔胤，扶了太子李裕登位。崔胤表面与宦官妥协，暗中支持左神策指挥使孙德昭，进行了反政变，杀死刘季述及其党羽，再拥唐昭宗复位。

唐昭宗复与崔胤密议，欲诛尽宦官。枢密使韩全诲早有防备，拉拢李茂贞以固其势。崔胤为弥补力量，调朱温入京。朱温进入关中后，韩全诲挟持唐昭宗西往凤翔，投靠李茂贞，并向李克用求救。朱温击败李克用，兵围凤翔。李茂贞在强大的攻势下，被迫杀了韩全诲等宦官，与朱温议和。和议达成，朱温护送唐昭宗回长安，自己返回了汴州 (今河南开封)。

从此，唐昭宗落到了朱温的手中，在他的遥控之下，成了傀儡皇帝。崔胤为让唐昭宗摆脱朱温的控制，在长安招募数千兵，重建禁军。朱温密令他在长安的代理人其子朱友谅，诛杀了崔胤及其集团成员。

随即，朱温亲自率兵进抵河中，强请唐昭宗迁至洛阳。已彻底成了孤家寡人的唐昭宗，听凭朱温摆布，离开了长安。

与此同时，朱温为摧毁唐帝国的象征，令部将张廷范拆除了长安的宫殿、衙门、民居，并用所得材料营造了舟船，载着唐廷的财货沿渭水顺流而下，占为己有。

到了洛阳的唐昭宗，英气犹存。朱温为杜绝后患，令心腹蒋玄晖将其解决。蒋玄晖得到指令，唆使牙官史太下手。史太领百人夜入宫内，杀死了在醉中惊醒、穿着单衣绕柱逃跑的唐昭宗。

藩帅称帝，大唐王朝覆亡

安史之乱，唐朝几乎动员了全部兵力，消耗了大部分的国力，自此以后，唐朝的国力再没有恢复到天宝年间的水平。战争期间，百姓饱受战争之苦，流离失所，经济损失严重，土地大量荒芜。东都洛阳遭到毁灭性破坏，城中居民被屠杀殆尽，建筑多毁于战火。回纥等少数民族军队在助剿的同时，也大肆抢掠，增加了人民的苦难。肃宗在借兵之时就与回纥统治者约定："克城之日，土地、官员归唐朝，金银财宝、老百姓皆归回纥。"这使得回纥的抢掠更加有恃无恐。安史之乱最大的消极影响就是造成了藩镇割据的局面，藩镇割据长期存在于唐朝后期，节度使拥兵自重，互相攻击，使得中国长期处于战乱之中，严重地破坏了社会稳定和经济发展，导致唐朝一步步走向灭亡。

经过八年的战争，虽然平定了安史之乱，但是大唐皇皇盛世已不复存在，在战争中各地藩镇势力坐大，形成了唐朝后期的藩镇割据局面。

藩镇本来设在边地，唐朝在平定安史叛乱的过程中，为了争取战争的胜利，便把这种军事体制移至内地，在中原一带陆续设置了一批藩镇。战争结束后，这种体制被保留下来，后来越设越多，以至于全国各地无处不有藩镇的设置。唐末黄巢起义爆发以后，在农民起义的过程中，各地藩镇势力进一步壮大，而唐中央经过农民起义的打击，控制力受到极大的削弱，无力制约跋扈的藩镇。藩镇之间为了扩充地盘，也互相吞并，致使混战连年不息，破坏了社会经济，也影响了人们的正常生活。

在唐朝末年长期的军阀混战之中，一些弱小的藩镇相继被吞并，在北方地区逐渐形成了数个强大的军事集团，其中最强大的为割据于河东的李克用集团与占据河南的朱全忠集团。这两大集团之间的长期攻战，构成了唐末军阀混战的主线。

河东节度使李克用是一个非常复杂的历史人物，他虽然是沙陀族人，却在历代史家的笔下，被塑造成为一个忠君爱国的良臣形象。

李克用的父亲朱邪赤心因为破农民起义有功，被唐朝任命为大同防御使，进而升任振武节度使，并赐以宗姓，改名李国昌，这就是这个家族得以姓李的原因。李克用在唐僖宗时曾因杀死云中防御使段文楚，为唐廷李氏父子不容，逃入鞑靼人聚居地区躲避。不久黄巢义军攻入长安，为了利用这支力量对付义军，唐廷遂赦免其罪，命他们率军入关中进攻义军。李克用率领的代北铁骑主要由沙陀、吐谷浑、突厥、回鹘等部族人组成，骁勇善战，剽悍异常，所向无敌。黄巢军不敌，只好退出长安。李克用穷追猛打，尾随到河南，连战连胜，为唐王朝最后扑灭黄巢起义做出了决定性的贡献。因为这个功劳，李克用被唐廷任命为河东节度使，随后他又兼并了昭义镇，将河中镇置于自己的卵翼之下，势力覆盖了整个河东地区（今山西）。唐昭宗乾宁二年（895），李克用被封为晋王，成为唐末北方最强大的军事集团之一。

北方地区另一强大的藩镇便是朱全忠军事集团，朱全忠原名朱温（852—912），曾被赐名朱全忠，称帝后改名朱晃。宋州砀山午沟里（今安徽省砀山县）人，家世为儒，祖朱信，父朱诚，皆以教授为业。幼年丧父，家贫，母王氏佣食于萧县刘崇家。

黄巢起义时，他前往投军，转战南北，逐渐升任为大将。黄巢攻入长安后，他被任命为同州防御使，奉命进攻河中，却屡被击败。他多次请求黄巢派军增援，不被理睬，一怒之下，投降了唐廷。唐廷对

他的来降非常重视，任命他为金吾大将军、河中行营招讨副使。天复三年（903）春，昭宗返回长安。朱全忠和崔胤立即以皇帝诏书的名义，将朝中宦官一律诛杀，又诏令诸镇将各镇监军宦官全部杀掉，这样朝廷内外宦官基本被杀光，唐代中期以后愈演愈烈的宦官专权局面至此方告结束。

二月，昭宗赐朱全忠"回天再造竭忠守正功臣"称号，晋爵为梁王，其部下僚佐都各有封号。崔胤官复原职，为司空、门下侍郎、同平章事兼领三司。

朱全忠等又下诏令废除昭宗在凤翔时授予的官职，又将随同昭宗入凤翔的30多名朝官一律贬逐，另外又将与宦官关系密切的宫女、僧、道共计20多人全部杖杀，崔胤更借机排除异己，逼迫同平章事苏检、吏部侍郎卢光启自杀，又贬中书侍郎、同平章事王傅为太子宾客分司。

崔胤、朱全忠二人又逼迫昭宗命年幼的辉王李祚为诸道兵马元帅，朱全忠自任副帅，便于控制。自此后，崔胤以朱全忠为外援，挟制天子，权倾天下，赏罚皆由其爱憎所出，中外畏惧。大批朝官被诛逐，剩下的都成了朱全忠、崔胤的奴仆和同党，昭宗这次回长安后，成了彻底的孤家寡人。

昭宗身边曾有一贤臣韩偓，其人刚直不阿，忠心耿耿，被昭宗视为知己。此次回长安后，昭宗有意任他为相，韩偓不愿接受，却推荐了御史大夫赵崇和兵部侍郎王赞，这下子可捅了马蜂窝，崔胤怕赵、王二人与他同时为相，分享权力，十分恼火。于是他挑动朱全忠入朝对昭宗兴师问罪，朱全忠大骂二人无才无德，韩偓为什么可以随意推荐！昭宗见朱全忠怒火冲天，不敢申辩，只好违心将韩偓贬为濮州司马。临行前，昭宗悄悄送行，与韩偓洒泪而别，韩偓道："臣不忍看贼人篡位弑君，如今能贬死远方，实为幸事。"

朱全忠与崔胤内外勾结挟制天子，独擅朝政，引起河东军阀李克用的强烈不满。然而李克用因近年来屡败于朱全忠，自知此时兵力敌不过朱全忠，不敢出兵干涉，只恨恨地咒道："崔胤身为人臣，不忠心事君，却外结强贼，内挟天子，既执掌朝政，又抓兵权，权重势强则怨生祸至，崔胤破家亡国之日，就在眼前了。"

崔胤利用朱全忠的力量，独揽了大权，但他又不愿处处受朱全忠的节制，于是二人之间开始出现分歧。为稳固自己的地位，崔胤打算掌握一支军队，于是他奏报昭宗，要求征募6600人，组成宿卫军，昭宗自然批准。朱全忠闻知崔胤擅自组建军队，十分不满，开始对崔胤产生猜忌。

十月，掌管宿卫军的朱友伦在与人戏耍中落马而死，朱全忠悲怒之余，便怀疑是崔胤有意设计陷害的，自此后更与崔胤离心。

此时的朱全忠势力如日中天，威震天下，篡唐之志已路人皆知，与此同时，他与崔胤二人之间的矛盾越发激化。尽管崔胤在表面上对朱全忠亲厚如故，实际却同床异梦，为了再组建一支军队，归自己指挥，崔胤对朱全忠道："长安离李茂贞很近，李克用也伺测时机，不能不防。如今过去的六军十二卫都只剩空名，应该募兵恢复旧制，保卫京师，这样您亦无西顾之忧。"朱全忠知其用意，便假意应允。待其招募之时，朱全忠派自己手下的兵士冒充平民前去应募，结果崔胤的军队里混入许多朱全忠的耳目，原计划不仅落了空，反而为朱全忠增加了宿卫京师的兵力和耳目，从此朱全忠对崔胤的一言一行都了如指掌，而对这一切，崔胤都一无所知，他忙着与京兆尹郑元规一道夜以继日地训练兵士，修缮武器。朱全忠知道崔胤已与自己离心，最终决定除掉崔胤。

第二年正月，朱全忠密奏朝廷："崔胤专权乱国，离间君臣，京兆尹郑元规、威远军使陈班等伙同作乱，请朝廷诛杀以上几人。"昭宗迫于朱全忠的压力，只好下令贬崔胤为太子少傅分司、郑元规为循州司户、陈班为凑州司户。正月十二日，朱全忠又密令宿卫都指挥使朱友谅率兵包围崔胤府第，将崔胤、郑元规、陈班以及崔胤的几个亲信全部杀掉，并将崔胤主持招募的军队全部遣散。

静难军节度使杨崇本与朱全忠有私怨，见朱全忠如此跋扈，便派人激李茂贞出兵，于是二人联兵，以援救唐室为名，逼至长安城下。

正月二十一日，朱全忠派使上表，借口杨、李二军兵逼京畿，请昭宗迁都洛阳。昭宗哪敢说个不字，这时宰相裴枢也收到朱全忠的书信，催促文武百官立即东行。第二天，兵士上街，强行驱赶长安民众东迁，百姓扶老携幼，蹒跚于路，到处是哭骂之声："贼臣崔胤引来强贼，朱全忠倾覆国家，为害百姓!"

朱全忠虽挟制天子于股掌，但毕竟做贼心虚，害怕昭宗谋害他，因此昭宗请朱全忠在内殿宴饮，他竟托词不去。朱全忠令亲信蒋玄晖为枢密使，监视昭宗行动，稍有动静便密报他。

唐昭宗自离开长安之后，日夜担忧一家人的安全，尤其担心朱全忠杀害爱子德王李裕。太子李裕曾于光化三年 (900) 被宦官僭立为帝，不久昭宗复位，李裕被贬为德王。这次朱全忠迎昭宗从凤翔还长安时，看见德王李裕年纪已长，眉清目秀，十分厌恶，便悄悄地对崔胤说："德王僭篡帝位，怎么还不赶快杀掉!"崔胤将朱全忠的话告诉了昭宗。昭宗问朱全忠可有此事，谁知朱全忠不肯承认，口称陛下父子之间的事，臣怎敢随便议论，一定是崔胤诬陷臣下。昭宗心中自然明白，终日忧愁，为麻醉自己，只得与皇后终日借酒浇愁或相对而泣。蒋玄晖问昭宗为何忧伤，昭宗便直言相告："德王是朕的爱子，朱全忠为何执意要杀他?"言罢，悲泣不已。朱全忠得知这一切后，坐立不安，对昭宗更加放心不下。

这时李茂贞、杨崇本、李克用、刘仁恭、杨行密、王建等藩镇都恼恨朱全忠挟持天子，便暂时联合起来，以图归政昭宗。朱全忠想率兵征讨，又怕昭宗乘机生变，破坏了他篡位的计划，于是他决定杀害昭宗，另立幼主。

八月十一日，蒋玄晖派部将史太率人夜叩宫门，声称有要事禀报，昭宗刚饮了酒，闻外边有乱，忙起身逃命，也被史太杀掉。何皇后向蒋玄晖苦苦哀求，才被放过一命。

十二日，蒋玄晖等宣布裴贞一等谋弑昭宗，立辉王李柷为皇太子，监理国政，又矫皇后令，命太子即皇帝位，是为昭宣帝。当时，宫中充满恐怖，人人自危，对昭宗之死竟无人敢哭出声来。

十月，朱全忠等闻听昭宗被弑，装作十分吃惊，倒在地上放声大哭，大骂蒋玄晖、朱友恭等人让他背上恶名。十月初三，朱全忠亲赴洛阳，伏棺痛哭流涕。十月初四，将朱友恭贬为崖州司户，恢复原名李彦威，贬氏叔琮为白州司户，接着又令二人自尽。李彦威临死前大骂朱全忠将他作为替罪羊，必将断子绝孙。

唐昭宗天祐二年（905）春，朱全忠派蒋玄晖请昭宗九个儿子德王、棣王、虔王等至九曲池赴宴，乘他们酒酣之时全部缢杀，投尸池中。

这时，独孤损、裴枢、崔远、柳璨同为宰相，前三人为朝廷宿望，看不起柳璨趋炎附势的奴相，柳璨便怀恨在心，常向朱全忠说他们的坏话，不久三个人全被罢相。从此，柳璨便狐假虎威，胡作非为。

朱全忠急切想做皇帝，让蒋玄晖为他谋划。蒋玄晖找柳璨等人商议，柳璨献策说，从魏、晋以来，历代易号的惯例都是先封大国，加九锡、殊礼，然后再行禅让，应该一步步来，不可操之过急。朱全忠一听大怒，此时有两个名叫王殷和赵殷衡的官吏，他们平日忌恨蒋玄晖、柳璨专权，这时便乘机向朱全忠大进谗言，说蒋玄晖、柳璨心怀异志，借机故意拖延时间，以待外援，朱全忠听后暴跳如雷。蒋玄晖听说后知朱全忠心狠手辣，心中害怕，忙到朱全忠处进行解释。朱全忠道："难道我不受九锡，就不能做天子吗？"蒋玄晖道："唐天数已尽，世人皆知。臣与柳璨并不是有意违命，只是如今李茂贞、杨崇本、李克用各镇兵力尚强，王如马上称帝，他们必然不服，不如循序渐进，然后行禅让，创万代之业。"朱全忠怒斥道："奴才果然反了。"蒋玄晖慌忙辞归，与柳璨商议马上行九锡之礼。

柳璨、蒋玄晖在朝上建议为朱全忠加九锡，朝士皆心怀怨愤，只有礼部尚书苏循投其所好，大讲梁王应受天命，朝廷应快点揖让，朝士们无人敢反驳。当天，封朱全忠为相国，领二十一道，晋爵为魏王，加九锡。朱全忠只想做皇帝，怒不接受。十二月，柳璨入大梁，向朱全忠报唐帝禅位之意，朱全忠假意拒绝。因柳璨为人阴险卑鄙，害人过多，朱全忠很厌恶他，这时柳璨与蒋玄晖、张廷范三人结为死党，

日夜为朱全忠谋划禅让之事。何太后派宫女阿秋、阿虔密见蒋玄晖，乞求唐帝让位之后，保她母子性命平安，蒋玄晖答应了。这时王殷、赵殷衡二人又向朱全忠密报说蒋、柳、张三人在积善宫夜宴，与太后焚香发誓，复兴唐社稷。朱全忠深信不疑，下令将蒋玄晖收捕斩首，削为凶逆百姓，令人揭尸焚烧。又将太后害死，废为庶人，宫女阿秋、阿虔也被杖杀。

天祐四年（907）三月二十七日，唐昭宣帝降御札禅位于梁王，令百官奉传国宝入大梁，拜见朱全忠。

天祐四年（907）四月初四，梁王朱全忠始登宝殿，称孤道寡，接受百官朝贺。四月十六日改名为朱晃。十八日，朱全忠身着御袍，正式即皇帝位。十九日，祭告天地。二十二日，宣布大赦，改元，国号为大梁，年号为开平，奉唐昭宣帝为济阴王，将济阴王迁往曹州，令军队把守，软禁起来。开平二年（908）春，派人将济阴王毒死，追谥封号为唐哀皇帝。朱全忠即后梁太祖，唐代300年的统治至此才算正式结束，从此历史进入五代十国的大分裂时期。

第三章

五代嬗递，狼行天下

大唐以后，五代嬗递。在中原地区相继出现了后梁、后唐、后晋、后汉和后周五个朝代，称为五代。从907年朱温废唐建立后梁开始，五个朝代依次更替。朱温篡唐，废唐昭宣帝，建立后梁。后唐庄宗李存勖灭后梁，建后唐。后唐被后晋石敬瑭所灭。后来契丹军队南下，消灭后晋。刘知远在太原称帝，国号后汉。而后汉又被后周太祖郭威所篡。

后梁朱温，一代残暴帝王

朱温，原名朱全忠，唐朝宋州砀山人，父亲朱诚是乡村的私塾教师。朱温在家中排行第三，长兄为朱全昱，次兄为朱存。朱诚早死，年幼的朱温便跟随母亲到地主家为佣，备受欺凌，在低人一等的环境中，朱温没有形成软弱的性格，反而变得狡猾奸诈。朱温成年后，游手好闲，成为乡里流痞，其为人狡诈残忍，野心勃勃。再加上他和次兄朱存都蛮勇凶悍，时常在乡里惹是生非，不肯勤于正事，所以乡亲们很讨厌他们，朱温也没少受主人的责打。但主人刘崇的母亲却是个虔诚的信佛人，经常护着朱温，并经常说："朱三不是一般人，应该好好对待。"慈悲为怀的老太太对待众人讨厌的他也是一视同仁。

黄巢聚众起义，朱温断定改变自己命运的机会来了，便主动参加了起义部队，随农民军转战南北，因作战有功，逐渐被提升为大将。黄巢进驻长安后，令朱温为同州防御使，率军守卫长安东面的安全，同时进取河中。朱温按黄巢的命令几次进军河中都被唐河中节度使王重荣所败，朱温惧怕黄巢的处罚，便在农民军与唐军即将决战的关键时刻，率部投降了唐廷，迫使黄巢撤出长安，成为导致起义最终失败的罪魁祸首。

朱温叛降后，被唐廷封为左金吾大将军，河中行营招讨副使，僖宗赐名全忠，后又被授予宣武节度使之职，参加镇压黄巢起义。在这期间，朱温也同其他军阀一样，利用机会发展自己的势力，他先后吞并了秦宗权的领地及徐州，又夺取朱瑄兄弟的兖、郓二州，成为东方势力最大的军阀。他与关中军阀李茂贞、沙陀人李克用三足鼎立，展开了激烈的争斗。从此兵连祸结，国无宁日。唐昭宗天复年间，宦官中尉韩全诲与李茂贞相勾结，劫持昭宗至凤翔，宰相崔胤一向以朱温做靠山，便悄悄致书朱温，让他出兵从李茂贞手中抢回昭宗，朱温便率军西进，以7万大军围凤翔，李茂贞屡战屡败，最后弹尽粮绝无计可施，只好交出傀儡皇帝，朱温挟持昭宗返回长安。这次较量中，李茂贞一败涂地，关中之地尽入朱温之手，山南之地又被另一军阀王建乘机夺去，李茂贞从此失势。

天复三年（903）春，昭宗返回长安。朱温和崔胤立即以皇帝诏书的名义，将朝中宦官一律诛杀，又诏令诸镇将各镇监军宦官全部杀掉，这样朝廷内外宦官基本被杀光，唐代中期以后愈演愈烈的宦官专权局面至此方告结束。

二月，昭宗赐朱温"回天再造竭忠守正功臣"称号，晋爵为梁王，其部下僚佐都各有封号。崔胤官复原职，为司空、门下侍郎、同平章事兼领三司。朱温权力愈来愈大，最终发起政变。

唐昭宗天祐二年（905）春，朱温派蒋玄晖请昭宗九个儿子德王、棣王、虔王等至九曲池赴宴，乘他们酒酣之时全部缢杀，投尸池中。

天祐四年（907）三月二十七日，唐昭宗降御札禅位于梁王，令百官奉传国宝入大梁，拜见朱温。四月初四，梁王朱温始登宝殿，称孤道寡，接受百官朝贺。十九日，祭告天地。二十二日，宣布大赦，改元，国号为大梁，年号为开平，奉唐昭宣帝为济阴王，将济阴王迁往曹州，令军队把守，软禁起来。开平二年（908）春，派人将济阴王毒死，追谥封号为唐哀皇帝。由此掀开了五代十国的篇章。

朱温虽然灭唐称帝，但地盘并没有扩大，而昔日的对手却纷纷以讨贼兴复唐朝为口号，联合起来对后梁进行讨伐。晋王李克用是讨伐后梁的核心力量，岐王李茂贞也打着反梁复唐的旗帜，号召天下讨伐朱温，蜀王王建干脆在成都公开自立为帝。一时天下大乱，纷纷裂土为王，以致形成所谓五代十国的纷乱局面。

朱温性情暴躁残忍，晚年由于战事不利，猜忌之心日重，除了肆无忌惮地杀戮外，便是纵欲宣淫。除了在宫中宣淫外，他还对大臣的

女眷肆行不轨。河南尹、魏王张全义，是五代十国时期一个重要的历史人物，他在恢复中原地区的社会生产方面贡献颇大，朱温连年征伐，所需军需物资全赖张全义支持，就是这样一个人物，朱温对其家属女眷也不放过。他巡幸洛阳时，住在张全义家中，将其女儿、媳妇一一奸淫。张全义诸子气愤难忍，打算杀死朱温，被张全义苦苦劝阻。尤为荒淫的是，朱温对自己的儿媳也不放过，无论是养子或是亲子之媳，逐一召见侍寝，公然宣淫，行同禽兽。而他的那些儿子为了争宠，甘愿献出自己的妻子，毫无羞耻之心。他们利用自己的妻子入宫侍寝的机会，打听消息，窃取机密，争夺储位。朱温的养子朱友文之妻，貌美灵巧，深得朱温宠爱，由于这个原因，朱温对朱友文也非常宠爱，竟然超过了自己的亲子。

朱温的霸业之所以能够成功，主要得益于两个人，一个是他的军师敬翔，另一个就是他的妻子张惠。虽然史书上对张惠的记载并不多，但从字里行间可以看出，张惠对朱温所起的作用是很大的。张惠和朱温是同乡，都是砀山人，张惠家住在渠亭

后梁太祖朱温

里。她家在当地是有名的富裕之户，父亲还做过宋州的刺史。张惠生于富裕之家，既有教养，又懂得军事与政治谋略，可见从小父亲对她的言传身教也是很多的。

张惠既有温柔的一面，又有英武的一面，体贴照顾朱温的同时常有让朱温钦佩的计谋。在这位刚柔相济、贤惠机智的妻子面前，朱温的狡诈反而显得粗浅，暴躁的朱温也收敛了许多。张惠不但内事做主，外事包括作战也常让朱温心服口服。朱温凡遇大事不能决断时就向妻

子询问，而张惠所分析预料的又常常切中要害，让他茅塞顿开，因此，对张惠愈加敬畏钦佩。有时候朱温已率兵出征，中途却被张惠派的使者赶上，说是奉张夫人之命，战局不利，请他速领兵回营，朱温就立即乖乖地下令收兵返回。

朱温本性狡诈多疑，加上战争环境恶劣，诸侯之间你死我活的争夺，更使朱温妄加猜疑部下，而且动不动就处死将士。这必然影响到内部的团结和战斗力，张惠对此也很明了，就尽最大努力来约束朱温的行为，使朱温集团内部尽可能少地内耗，一致对外。朱温生来十分好色，由于有张惠在身旁监督，朱温只好把好色之心强压在心底。但是，张惠死后，朱温便放纵声色，放浪形骸。

张惠曾为朱温生有一子，取名朱友贞，被册封为均王。朱温除了有几个儿子外，还有一养子，名叫朱友文。朱友文本姓康，名勤。由于风韵性感，好学上进，谈吐得体，所以被朱温认为养子，封为博王。这样，朱温的亲子郢王朱友圭和养子朱友文之间为了争夺继承皇位便大打出手，他们无所不用其极。而他们的妻子为了争夺未来的皇后之位竟然向公公卖弄风情、姿色。朱温不仅来者不拒，反而将儿媳妇轮流召入宫中侍寝。更让人吃惊的是，他的儿子们对父亲的乱伦不但不愤恨，反而恬不知耻地利用妻子在父亲床前争宠，讨好朱温，以求将来继承皇位。父子间如此默契的性丑闻，在历史上恐怕是空前绝后了。

后来，朱温卧病在床，病情不断加重之时，皇位的天平终于倾斜在其养子的头上。一天朱温让王氏通知朱友文前来觐见，以便委托后事。朱友圭的妻子张氏知道后，赶紧密告朱友圭："朱温已将传国宝交给王氏去找朱友文，我们就快完了。"催他先采取行动。朱友圭得到消息后，立刻利用他掌握的宫廷卫队及其他亲信所率的部队发动了政变，连夜杀入宫中。朱友圭的随从冯廷谔一刀刺入朱温腹中，刀尖透出背部。朱温的荒淫败行，终有惨死这一下场，也算是罪有应得。这一年是乾化二年（912）六月，朱温终年61岁。朱友圭见他已死，用破毡裹住他的尸首，埋在了后梁皇宫的地下。一不做二不休，朱友圭还杀了朱友文及其美妻。

儿子杀死老子后，老朱家又上演了弟弟杀哥哥的悲剧。朱友圭杀父继位后，众兄弟都不服，特别是朱温和张惠所生的儿子均王朱友贞，身为嫡子，更是打起了"除凶逆，复大仇"的旗号，联合魏博节度使杨师厚兴师问罪。在杨师厚的帮助下，朱友贞得到宫中禁军的配合，最后杀死朱友圭，夺取了皇位。在五代时期，他是通过兵变夺取皇位的第一人，为以后的兵变提供了效仿的先例。

李唐中兴，李存勖建后唐

李存勖，小名亚子、亚次，艺名李天下，西突厥别部沙陀部人。祖父朱邪赤心，以战功被唐懿宗赐名为李国昌。父亲李克用，以破黄巢功，被封晋王，占有以太原为中心的河东地区。出生于军人世家、唐末来到人间的李存勖自幼就跟着父亲开始了他的戎马生涯。李克用破邢州割据者孟方立，凯旋至上党 (今山西长治)，于三垂岗饮酒作乐，伶人旁奏《百年歌》，奏到衰老之段，声音悲凉，满座凄凉。他突然持须慷慨大笑，指着身边年仅五岁的李存勖说："我老了，此是奇儿，二十年后，将代我战于此地！"

朱温当上皇帝以后，改名朱晃，史称梁太祖。这一时期局势变化很快，朱温的头号敌人李克用在开平二年（908）因病死亡，其子李存勖继晋王位。李存勖继位之时，潞州已经被梁军围攻了一年有余，形势非常危急。李存勖利用梁军以为他正忙于丧事、戒备松懈之机，亲率大军，直扑潞州，打破了梁军围攻潞州而修筑的夹寨，斩梁军统帅符道昭，梁军大败，死亡万余人，丢弃的资粮、军械堆积如山。此战对梁晋两方关系都很大，如梁军获胜，等于打开了河东的门户，可以直攻晋的首府太原；如晋军获胜，不仅可以巩固河东的南境，而且向南可以威胁梁的统治中心——河南地区。

然后李存勖着手整顿松懈的军纪，发展农业生产，减轻赋税，优抚孤寡，稳定内部秩序，选用人才，整军备战，使河东境内面貌焕然一新。

这一时期后梁内部却接连发生变乱，义武节度使王处直、成德节度使王镕，因朱温处心积虑地削除异己而举兵反梁，并且投靠李存勖，推其为盟主，共同反梁。朱温听信谗言，杀死佑国节度使王重师，并诛灭全族，大将刘知俊疑惧，遂在同州举兵造反，与李茂贞联合，共同讨朱。朱温还妒贤嫉能，借口马瘦斩杀了屡立战功的骁将邓季筠；又以违抗军令罪，处死了大将李重允、李谠；宿将氏叔琮、养子朱友恭，因参与杀害唐昭宗，朱温为推脱罪责，将他们处斩；朱珍是其麾下著名的战将，朱温寻故杀之，诸将苦苦求饶，被朱温赶出；李思安本为朱温爱将，因故被贬后，心怀不满，也被处死。后梁内部矛盾激化，极大地削弱了实力。

开平四年（910）十一月，朱温派大将王景仁率大军攻伐成德王镕、义武王处直，晋王李存勖亲率大军增援。次年，两军在柏乡（今河北高邑县境内）相遇，后梁军队铠甲鲜明，缕金挂银，光彩耀日，晋军望见颇有惧意。晋大将周德威鼓励将士说："梁军为汴州天武军，皆为市井之徒，衣甲虽鲜明，然战斗力极差，十不能挡汝一，希望大家努力作战，擒获一人，足可致富，此乃奇货，机不可失！"晋军斗志昂扬，士气大振。周德威先派小股部队袭扰梁军，待其疲惫困乏之时，全力出击，大败梁军，死尸遍野，抛弃的军资器械不计其数。柏乡之战是梁晋争衡的转折点，此战之后，战略主动权转移到晋军一方。

乾化二年（912），幽州刘守光（刘仁恭之子）进攻成德、义武，李存勖率大军赴援。刘守光担心不是敌手，遂向朱温求援，朱温为报柏乡之仇，亲率大军攻晋。行至下博，讹传晋大军涌至，梁军惊慌失措，急忙逃至枣强。晋将李存审仅率少量军队，突袭后梁大军，朱温夜间不辨虚实，烧营而遁。情急之中，梁军迷失方向，错走了150多

里。河北之民对梁军的残暴非常愤恨，纷纷拿起农具袭击梁军。朱温连吃败仗，羞愤交加，狼狈逃回汴梁，患病卧床不起。朱友珪买通禁军将校，引兵入宫，将朱温杀死，称帝于洛阳。

朱友珪弑父篡位，引起了朱温诸子的气愤与不满，他们想方设法，要取而代之。对于朱友珪的这种状况，明眼人都很清楚，知其必败无疑。宰相敬翔称病不出，朱温的养子朱友谦传檄诸道，问罪朱友珪，并以河中镇归降了晋王李存勖。后梁宿将杨师厚，素为朱温所猜忌，这时也乘机占据魏博。朱友珪不敢得罪杨师厚，只好承认既成事实，任命其为魏博节度使。对于这样一个人物，朱友珪当然不愿轻易接受其摆布，朱友珪便令杨师厚入朝商议军情，想借机铲除，以绝后患。杨师厚率精兵万人入洛，朱友珪见状，哪里还敢动手，只得厚赐遣送归镇。在这场斗争中，朱友珪非但没有得利，反倒示弱于人；杨师厚更加骄横，对于朱氏诸子视若草芥。

朱温的第四子朱友贞，也想夺取皇位，只是苦于没有实力。朱友珪命他杀害朱友文，他也不敢违抗，只得奉命办事。因此，朱友珪即位后，任命他为东京留守、行开封府尹、检校司徒。这时后梁的另一大臣赵岩有事来到汴梁，朱友贞设宴款待，席间言及皇位之事。朱友贞遂乘机向他请教，如何可以取而代之？赵岩说："此事易如反掌，成败全在杨令公（指杨师厚）一人，只要得其一言，禁军立即奉命而行。"杨师厚位高权重，禁军将士多为其部下，又占据魏博重镇，精兵猛将多在其掌握之中，所以赵岩才劝朱友贞结好于杨师厚。赵岩当时也在禁军中任职，返回洛阳后，便把与朱友贞商议的内容告诉了侍卫亲军都指挥使袁象先，得到了袁的支持。朱友贞又派心腹马慎交前往魏博见杨师厚，答应事成之后，赐给劳军五十万贯钱，并许愿杨师厚可以再兼领一个藩镇。杨师厚犹豫不决，对其部下说："我与友珪君臣之分已定，今无故改图，别人又会怎么议论我？"马慎交劝谕说："友珪以子弑父，天下人皆知，友贞是太祖至亲之子，仗义讨贼，名正言顺。如果一旦事成，令公又如何相处？"杨师厚醒悟，决意支持朱友贞。于是他派人入洛阳，密与赵岩、袁象先等商议举事计划。

得到杨师厚的支持后，朱友贞便放心大胆地行动起来。在此之前，龙骧军的一个军官在怀州反叛，搜捕其同党的行动四处进行，朱友贞派人潜入其军中，散布谣言说："朱友圭因为龙骧军曾经发生过叛乱，此次把你们召到洛阳，将要全部坑杀。"当时左右龙骧军驻扎在汴梁，朱友贞伪造朱友圭诏书，调其入洛阳，然后借机煽动龙骧军起事。龙骧军将校闻知这个消息，非常惊恐，纷纷到朱友贞处，向他请教逃生之路。朱友贞乘机煽动他们起兵诛杀朱友圭，诸将校也表示愿意拥戴朱友贞。朱友贞掌握了龙骧军的兵权后，马上派人密告赵岩、袁象先，于是赵、袁等人率禁军突入宫中，杀死了朱友圭，然后拥立朱友贞在汴梁即皇帝位。

朱友贞即位后，史称梁末帝。由于他是依靠禁军将校的拥戴当上皇帝的，所以即位之后，大肆赏赐，花费了巨额钱财。加上连年征战，军费开支浩大，使后梁财政日趋紧张。为了满足需要，梁末帝任用贪吏，搜刮民财，致使社会矛盾骤然激化。

杨师厚倚仗其拥立之功，更加骄矜不法，目无君主。梁末帝惧怕其势大，朝中事务无论巨细，皆先咨询后而施行，杨师厚俨然成了后梁的太上皇。好在杨师厚毕竟年高，不久就病死了。梁末帝得知消息后，如释重负，在宫中设宴庆贺。

但是杨师厚所在的魏博镇仍然是一个很大的威胁，魏博兵多将广，勇悍善战，地理位置又靠近汴梁，如果这一威胁不解除，梁末帝仍然难以安生。于是其亲信赵岩献计，不如趁其军中无主，将魏博一分为二，可以达到削弱其强势地位的目的。梁末帝听从其计，下诏将魏博分为天雄、昭德两镇，其府库将士对半而分。又恐魏博将士不服，遂派大将刘鄩率大军6万渡过黄河，逼近魏博，准备弹压。

魏博将士不愿背井离乡，聚众哗变，他们纵火大掠，劫持了新任节度使贺德伦，请降于晋。李存勖喜出望外，亲率军队到魏博，接收了军政大权。这一变化对晋来说，无疑是天上掉馅饼的好事，不仅一举占据了魏博这一军事重镇，直接威胁到后梁的统治中心汴梁，而且获得了魏博的久战之精兵，使其军事实力大大地增强了，尤其魏博银

枪效节军的收编，意义更大，这支军队战斗力勇悍异常，李存勖收其为亲军，后来在灭亡后梁的战争中出力甚大。

梁末帝当然不甘心魏博就此失去，催促刘郡迅速进军，收复魏博。刘郡是后梁诸将中非常杰出的将领，多谋善断，用兵诡诈。他自知晋军兵力强大，不能正面硬拼，于是派军队间道袭击太原，妄图调动晋军主力回救，然后再攻取魏博。李存勖洞察其谋，结果没有得逞，只好退屯莘县，闭营不出。梁末帝连诏催其出战，刘郡因军粮不足，请求每人发给十斛粮，才可进行反攻。梁末帝大怒，下诏严责，又派人督战。刘郡无奈，只好勉强进兵，结果大败而回。从此，刘郡坚壁不战，以避晋军锋芒。贞明二年（916），李存勖为了引诱梁军出战，留大将李存进驻守原处，扬言自己返回太原。梁末帝闻言，又一次催促刘郡进兵魏博，并且说："社稷存亡，全系此战，望将军勉之！"刘郡只好再次进兵，在故元城（今河北大名东）西与晋军遭遇，梁军大败，仅步兵被歼的就达7万之众。这时派去袭击太原的梁军在城内守军与城外援军的夹击下，也大败溃退。晋军还乘胜进击，连下邢、洺等州，从而使河北之地尽数归于晋，与后梁形成夹河（黄河）对峙的局面。争夺魏博镇的这场战争，以晋军全胜后梁彻底失败而宣告结束，梁末帝得知战败的消息后，哀叹说："吾大势去矣！"

这一时期后梁皇室内部的矛盾也趋激化，朱氏诸子互相猜忌，时刻想发动宫廷政变，以夺取皇位。贞明元年，梁末帝的张贤妃死亡，临出殡的前一夜，末帝之弟康王朱友孜遣心腹之人潜入寝宫，谋刺末帝，事泄被杀。从此以后，末帝更加疏远宗室兄弟，宠信赵岩及德妃兄弟张汉鼎、张汉杰等人，他们均居近密之职，军国大事也多与他们商议，每次出兵也一定派这些人前往监军。而赵岩等人也倚仗权势，卖官鬻爵，离间将相，搞得朝中乌烟瘴气，人心涣散。老臣敬翔、李振等，虽居相位，所言多不见用。李振干脆称病不出，不问政事，以避赵、张祸害。自此，后梁政事更加混乱，直至灭亡。

从后梁贞明三年（917）至龙德二年（922）期间，晋与后梁展开了夹河大战，双方你来我往，死伤惨重。总的来看，晋军胜多败少，消灭了梁军不少有生力量，但自身消耗亦很巨大。之所以出现这种状况，与契丹对晋军的牵制有极大的关系。好几次晋军都获得了很大的胜利，正要乘胜进兵之时，都因为契丹军队在北部边境的骚扰，而不得不分兵抵御，从而使后梁有了喘息之机，减轻了压力。

李存勖是一个颇具军事才能的历史人物，但也有明显的缺点，这就是恃勇好斗，经常亲自率轻骑逼敌营挑战，也数次遇险被包围，被诸将救出，却依然如故，没有丝毫改变。正因为如此，往往导致一些不应有的损失，其中最大的损失便是宿将周德威的战死。有一次李存勖侦知梁军内部发生矛盾，勇将谢彦章被杀，认为有机可乘，决定攻取洛阳。周德威认为时机还不成熟，不宜过早地进行决战，李存勖不听。当晋军进抵胡柳陂时，梁军大批涌至，周德威主张先以小股骑兵袭扰敌军，待其疲惫之时，再大举进攻，李存勖仍不听。他一意孤行，亲率军队应战。混战中周德威父子战死，幸得老将李嗣昭整军反击，才使晋军反败为胜，歼灭梁军数万人，但晋军也因此损失惨重，得不偿失。正因为李存勖存在这样的缺点，所以后梁大将王彦章称他是"斗鸡小儿"，不足为虑。

贞明五年（919），晋将李存审在德胜夹黄河修筑了南北两城，中有浮桥相连，以加强守御。为了对付晋军，梁军也在德胜上游十八里的杨刘夹河筑垒，造浮桥相连。从此双方在杨刘与德胜之间展开大战，互有胜负。龙德元年（921），成德节度使王镕被部将所杀，李存勖闻讯急率大军平叛，梁军也乘机反攻，经过激战，晋军虽然平定了成德兵变，并且击败了梁军的进攻，但兵员、物资却损失惨重，老将李嗣昭、李存进等也都在此战中战死。与此同时，后梁内部也发生了内乱，陈州刺史惠王朱友能想乘梁军屡败，重兵皆在前线，后方空虚之机，举兵向汴梁进攻，虽然很快便以失败而告结束，但仍在一定程度上削弱了后梁的实力。

龙德三年（923）四月，李存勖在魏博加冕称帝，建国号为大唐(为有别于唐，史称后唐)，改元同光，定都洛阳。以唐为国号，一则以示他不忘唐昭宗的教诲，标榜忠孝，收拢人心；二则续接唐统，表示

处于正统，以此号召天下。

李存勖即位后，决定大举攻梁，一鼓而灭之。梁末帝急命老将王彦章与段凝为大将，统兵前去抵御。王彦章勇猛善战，人称王铁枪，而段凝却无勇无谋，只是因为善于讨好权贵，才得以重用。宰相敬翔深知这两人同时为将，段凝肯定会嫉贤害能，阻挠和牵制王彦章，必然导致战争的失败，于是面见末帝，要求专用王彦章。

王彦章率军至前线后，奇袭德胜，连下德胜北城和藩张、麻家口等寨，并进逼杨刘。双方在杨刘周围展开激战，均损失惨重。不久，梁军康延孝降后唐，王彦章又为赵岩、段凝等人所诬陷，罢去了兵权，改由段凝任主帅。段凝怯懦无谋，人心不附，他不敢主动进攻，竟在滑州决开黄河，东注于曹、濮、郓等州，企图阻止后唐的进军。正在这时，后唐大将李继韬举潞州投降后梁，梁末帝急派军协助李继韬攻下了泽州，切断了后唐军队的退路，并进攻太原，直捣后唐老巢。后梁还调汝、洛之兵进攻成德，使后唐军队前后受敌，处在非常紧张的生死关头。

就在这时，李存勖听取了谋臣郭崇韬、大将李嗣源的建议，自杨刘渡过黄河，绕开梁军主力，然后向西直捣汴梁。这一路后梁没有驻扎重兵，只有王彦章率少数军队进行过阻截，结果不敌，战败被擒。唐兵轻骑兼程袭击汴梁，很快便攻到汴梁城下。守将惊慌失措，只好开城投降。梁末帝走投无路，命侍卫杀死自己。后梁百官见状，纷纷出城迎降。段凝所率的梁军主力，在前线得知其都城失守后，人心涣散，全军解甲投降。后梁至此灭亡，前后历时仅 17 年。唐庄宗下诏追废朱温、朱友贞为庶人，毁其宗庙神主。

卖国求荣，后晋开国之主

李存勖建立后唐，史称唐庄宗。唐庄宗灭掉后梁后，外无强大的敌人压迫他。在这相对好过的日子里，他松懈了，有点得意忘形，以为自己的江山是铁打的，便开始释放压抑已久的欲望，顺着自己的意愿做起风流天子。唐庄宗李存勖本是出身于沙陀贵族家庭的纨绔子弟，虽然在军事上颇有才能，但在政治上却是一个目光短浅的人。他在继晋王位初期，因为面临着生死存亡的问题，尚能克制自己，采取一些改革措施，还是很有作用的。但当度过危机后，他性格中的劣根性便表现出来了。

他受宦官、伶人挑唆，无端怀疑功臣、大将，对他们任意加以杀戮。他依靠大臣郭崇韬平定前蜀，却听任刘皇后及儿子李继岌将这个大功臣给谋杀了。在郭崇韬以及另一个功臣朱友谦被诛后，朝中的将臣陷入人人自危的境地，尤其是李克用的养子李嗣源，整日如坐针毡。

在如此形势下，对朝廷极度不满的魏州兵士推赵在礼为头，发动了兵变。久受唐庄宗猜忌的李嗣源，力争到领兵平叛的任命，可他到了魏州，却和叛兵合流，掉头打进开封，再逼向洛阳，唐庄宗被乱兵所杀。

同光四年 (926)，得了洛阳的李嗣源走上帝位 (唐明宗)，改元天成。李嗣源，沙陀部人，本名邈佶烈，无姓氏，被李克用收为养子后改名李嗣源。天成元年 (926)，李嗣源在李存勖的灵前戴上了皇冠。

登基后，唐明宗实行了一套开明政策：他不好声色，拒受美人，

将李存勖留下的千余宫女放出宫外；他废除内库，把贡品全部归入国库；他驱逐伶人，清肃宫廷风气；他大诛宦官，杜绝再次出现的宦祸；他整治贪官，救民于水火之中；他奖励清官，以改善官民关系；他不兴土木，以减轻黎民负担；他轻徭薄赋，与民休息。

建立后晋的晋高祖石敬瑭，人称石郎，祖上为西边少数民族。父亲桌扳鸡，系李克用部将，因战功而任熔州刺史。石敬瑭是桌扳鸡的次子，为表示自己是地道的汉人，自改此名。

子承父业，生于军营的石敬瑭，长大后进入李嗣源的部队服役。他为人沉默寡言，有城府，喜读兵法，崇拜古代名将李牧、周亚夫。李嗣源喜欢这个年轻人，倚为心腹，将自己的女儿嫁给了他，让他负责了能攻善战的"左射军"。

李嗣源得了天下，石敬瑭被赐号"竭忠建策兴复功臣"。

爱将、驸马、功臣，集此三个特殊名分于一身的石敬瑭，在新朝中地位显赫，德高望重。他先是入陕为最高军政长官，以清廉立政，未到一年，境内得治。后又去魏博主政，当地民风彪悍，讼事繁多，案子积累无数，他一上任，就着手处理，使得案子大减。

不管到哪里，石敬瑭都带着一个头衔——六军诸卫副使。这个职位是禁军最高副长官，正使是李嗣源的儿子秦王李从荣，石敬瑭了解此人，预测他早晚要出事，婉言推辞了这个职务，在众大臣的帮助下，转领河东节度使，去太原负责军政。

太原是北方重镇，也是后唐的发祥地。石敬瑭赴任后，一边主持着对契丹的防务，一边管理着当地的民政。他生活简朴，不近声色，不设宴会，办公结束以后，常召幕僚谈论民间疾苦和为政得失。他办案精明果断，不为假象所迷惑，作出的裁决能令原告和被告都心悦诚服。

善能理政的石敬瑭自此深得人心，声誉鹊起。

唐明宗逝世，他的第五子李从厚登位 (唐闵帝)，然而，李嗣源的养子李从珂不服，没出几个月，他在凤翔发动兵变，杀向洛阳。唐闵帝敌不过，开门出逃，在道上遇见正要去京师的石敬瑭。石敬瑭忖度了形势和朝中情况，于此之际，不但没伸手帮助这个小皇帝，反而把他囚禁在卫州，并将他的随从全部杀死。

李从珂得皇位 (唐末帝) 后，石敬瑭上表废帝，指责他作为养子，不能继位，请立许王李从益为帝。李从益是明宗第四子，唐末帝当然不肯，下诏削夺石敬瑭官爵，并调兵遣将，讨伐石敬瑭，任命张敬达为太原四面兵马都部署，义武节度使杨光远为副都署，前任彰武节度使高行周为太原四面招抚排阵使，统兵三万驻扎晋安乡 (今太原南)。七月，各地政府军云集太原周围，石敬瑭急忙密派使者向契丹求援，让桑维翰起草议和书，表示向契丹王称臣，并以父礼相待，称契丹王为父皇帝，并约好事成之后，割让卢龙一道及雁门关 (今山西代县雁门关西雁门山) 以北诸州土地给契丹。刘知远觉得称父割地太过分，说："称臣可矣，认父事之太过。厚以金帛赂之，自足致其兵，不必许以土田，恐异日大为中国之患，悔之无及。"然而，此时石敬瑭一心想着做皇帝，哪里听得进! 据载，石敬瑭当时 45 岁，契丹国王耶律德光 34 岁。老子比儿子小 11 岁，真是闻所未闻! 耶律德光接书一看，大喜过望，立即复书石敬瑭，许诺八月时倾国赴援。

长兴七年 (936)，耶律德光亲自领兵驰救，大破唐军。为控制中原，耶律德光决定扶石敬瑭上台，建立一个亲契丹政权。

石敬瑭假意推让了一阵，走上了耶律德光为他布置的宝座，成了"儿皇帝"，定国号为大晋 (为有别于东、西两晋，史称后晋)、改元天福。

皇袍加身后，凭着契丹这座靠山，晋高祖向洛阳发起大反击，后唐军队节节败退，唐末帝举家自焚。

消灭、收降了后唐军队的有生力量之后，晋高祖定都开封。

晋高祖终于圆了皇帝梦，可这梦是以巨大的代价换来的，燕云十六州的拱手让人，使北方险要之地落入契丹之手，加上无穷无尽的进贡，使政府和民众背上了永难见天日的包袱。大将安重荣说："贬中国以尊夷狄，困已敝之民，而充无厌之欲，此晋万世之耻也!"

"儿皇帝"不好当，晋高祖受尽了窝囊气，契丹使者来，趾高气

扬，任意责骂和欺辱，他只能低三下四，鞠躬俯首，陪着说好话。朝廷中针对契丹的实力和无休止的压榨，形成了主战和主和两派，他摇摆在两派中间，然终究未敢向契丹宣战，忍着窝囊气，继续当他的"儿皇帝"。

为讨得"父皇"的欢心，晋高祖"忍辱负重"对契丹所有侮辱性的言语充耳不闻，对契丹所有挑衅行为视而不见，把源源不断的财富送往契丹，尽心竭力维持双边关系。

从维护统治起见，晋高祖恢复了唐明宗的某些做法：发展农业，充实仓库，便利商贾，以通货财，使得中原地区有了稍许生气。然而在登位后，他开始生活糜烂，穷极奢侈，宫殿全都以金玉珠翠为饰。为防止有人犯上作乱，他制定了如灌鼻、割舌、肢解、剖剔、炮炙、烹蒸等许多令人发指的酷刑。他不相信士人，认为士人多为子孙着想，因此大用宦官，致使宦官重新充满朝廷。

石敬瑭依靠契丹夺得帝位，所以每年除了向契丹贡奉大量的财物外，吉凶庆吊，从未遗忘，契丹太后、太子、诸王、元帅以及重要大臣韩延徽等，也都有贿赂相送。每有契丹使者至，必于别殿拜受诏敕，契丹使者稍不如意，便多出不逊之语。对于这一切石敬瑭都忍受下来了，但朝野上下咸以为耻，有的大臣也因此而拒绝出使契丹。如兵部尚书王权就是如此，石敬瑭派他出使契丹，向其主献徽号，王权耻于向契丹主跪拜，宁愿丢官，也不愿充使。

后晋的将帅们也多有不服石敬瑭者，他们也想凭借自己的实力，夺取天子之位，如成德节度使安重荣就是这样一个跋扈的武夫，他常对人说："天子兵强马壮者当为之，宁有种耶！"此话虽出自安重荣之口，却反映了当时藩帅们普遍存在的思想。此人虽是野心勃勃的武夫，但比起石敬瑭来，多少还有些民族气节，史书记载说：他每见契丹使者，必指着鼻子大声谩骂。他不服石敬瑭，遂收聚亡命，收市战马，囤积粮草，准备将来起事。又联合契丹境内的吐谷浑等族以为援，招纳吐谷浑首领白承福等率本族3万余帐内迁，在一定程度上削弱了契丹的实力。他还公然上疏，指斥石敬瑭向契丹奉表称臣，贡献中国珍异财宝，并将此书散发给朝中大臣及诸镇藩帅，使得石敬瑭十分恼火。契丹对大批吐谷浑人的内迁也十分不满，接连遣使责备石敬瑭。石敬瑭内外交困，焦虑万分，亲自跑到邺都，连下诏书劝谕安重荣，却毫无效果。天福六年（941）冬，安重荣大集境内军民，众至数万，向后晋的都城汴梁进军，由于石敬瑭收买了其部将，导致战败。安重荣兵败被杀后，石敬瑭为讨好契丹，竟将安重荣的头颅送给了契丹，表示自己的一片顺服之心。

后梁开平大铜钱

其实早在安重荣起兵之前，后晋的天雄节度使范延光就已经举兵反叛过了，时在天福二年（937）。当时义成节度使符彦饶、东都巡检使张从宾等，皆举兵响应，只是由于他们各自为战，相互协调不够，才被石敬瑭各个击破。在安重荣举兵的同时，山南东道节度使安从进利用后晋王朝全力对付安重荣之机，起兵于襄州，并进攻邓州，久攻不克，后来兵败身亡。

后晋诸镇藩帅的这种不稳定状态，使得石敬瑭十分不安。武力镇压，显然实力不足，于是只好采取姑息政策，以保住石氏家族的统治地位。因此后晋统治时期，各地藩帅中骄恣残暴者有之，残酷克剥者有之，专横跋扈者有之，致使当时百姓生活在水深火热之中。

晋昌节度使赵在礼，靠兵变起家，聚敛财富，不遗余力。他先后历任十余镇，所到之处，开设邸店，经营商业，积财巨万。他在宋州任上所为不法，百姓苦之，不久有诏移镇永兴，百姓听到后，欢欣鼓舞，互相庆贺说："此人若去，可谓眼中拔钉子，何快哉！"赵在礼听到后，恼怒异常，特意上表请求再留任一年，昏庸的后晋王朝竟然同

意了他的请求。于是他下令境内按户每年增收一千文钱，谓之"拔钉钱"，并且严令各地官吏催督，如不按数缴纳，严刑拷打。

泾州节度使张彦骄横不法，憎恨幕僚张式的直言相劝，欲加杀害，张式逃走，朝廷为安其心，竟将张式判处流刑。但张彦还不满足，公然威胁说："若不得张式，恐致不测。"言下之意，如不按其意办，将会举兵造反。后晋朝廷姑息藩镇，全然不顾朝廷颜面，竟将张式押回送给张彦，结果导致了张式以"决口、割心、断手足"等非常残酷的手段被杀害了。

石敬瑭外有契丹的不断索取和指责，内有不法藩镇的压力，终日处于紧张惶恐之中，郁郁寡欢，最终忧病而亡。

重整河山，刘知远建后汉

石敬瑭死后，其侄石重贵继位。石重贵的亲生父亲石敬儒，是石敬瑭的兄长，早年在唐庄宗部下为将。其父早死，所以他被石敬瑭收养为子。由于石敬瑭的五个儿子早死，而石重睿年纪尚幼，所以只好立石重贵为帝，史称晋出帝。

石重贵虽为皇帝，朝中大权却由侍卫亲军都指挥使景延广掌控。景延广无勇无谋，却狂妄自大，目空一切，不可一世。他自掌权以来，改变了石敬瑭对契丹的一贯政策，拘禁其使者，杀害契丹商人，抢夺其货物。石重贵对契丹称孙不称臣，引起契丹的不满，战争一触即发。景延广不做好战争准备，却口出狂言，声称："晋朝有十万口横磨剑，翁若要战则早来，他日不禁孙子，则取天下笑，当成后悔矣！"契丹主闻言大怒，连年进兵侵扰中原。而后晋王朝内部却有不少野心家也想乘乱夺取皇位，唯恐天下不乱，如石敬瑭的儿女亲家杨光远，原后晋大将赵延寿，北面都招讨使杜重威、李守贞等，无不是此类人物。在契丹与后晋的战争中，幸赖广大军民的拼死奋战，才使契丹军屡次受挫而退，有时还败得很惨。但是由于后晋内部有这些只图皇位，而不惜出卖民族利益的人的存在，最后的失败是不可避免的。

开运三年（946），契丹主耶律德光再次发动对后晋的战争。他指示降将赵延寿与瀛洲刺史诈降，送假情报给后晋。出帝不辨真假，急于成功，遂匆忙命杜重威为统帅，统领大军北上抗击。杜重威此次出征是有个人打算的，他想仿效石敬瑭，卖国求荣，当儿皇帝，所以借口此次出战深入敌境，必然要有强大的兵力才能保证成功。石重贵只好给他增兵，致使禁军皆归其麾下，京师空虚。杜重威到前线后，每日置酒作乐，不议军事，只知一味地向晋廷要求增兵运粮。晋军兵多将广，实力强于对方，由于主帅没有任何作为，反被敌军截断粮道，形势极为不利。杜重威正要使晋军处于危险境地，以便受其裹胁投降契丹。他与副帅李守贞商议，派人与契丹联系请降。耶律德光虽然包围了晋军，但晋军毕竟人多势众，且战斗力较强，欲想获得全胜，也没有必胜的把握。当他得知杜重威率军投降的消息后，大喜过望，马上许愿事成后立他为帝。于是杜重威招集诸将，伏甲于营中，宣布投降契丹，诸将中虽有不愿意者，但在刀剑的威胁下，也只好连署降表。当杜重威向全军宣布投降的消息后，全军恸哭，震天动地。

由于晋军主力已经投降契丹，所以耶律德光很快便进入了汴梁，俘获了石重贵及其全家，将他们迁往契丹境内的建州（今辽宁朝阳境内）居住。耶律德光于次年，即947年，在汴梁后晋宫中即位。由于契丹军队在中原到处烧杀抢掠，美其名曰"打草谷"，激起了中原人民的反抗。他们聚集起来，多者数万人，少者不减千百，到处打击契丹军队，杀戮契丹派来的官吏。耶律德光无力维持其在中原的统治，只好匆忙立唐明宗之子许王李从益为帝，然后率军北撤，途中一病而亡。

石敬瑭死后，刘知远预感到天下将要大乱，所以着意经营太原。

刘知远，本也是西突厥沙陀部人，不知何时其祖先迁居太原，改姓刘氏，史书上说他"弱不好弄，严重寡言，面紫色，目多白睛"。后唐时，与石敬瑭俱事李嗣源。梁、晋争战于德胜时，刘知远舍身救护石敬瑭。李嗣源即位（即后唐明宗）后，石敬瑭把刘知远招在自己麾下，任为牙门都校。石敬瑭任河东节度使时，以刘知远为都押牙，视为心腹。石敬瑭在太原策划造反，刘知远和桑维翰是他的左右臂。后唐张敬达大军进攻太原，刘知远以 5000 之众抵抗住了 10 倍于己的敌兵。石敬瑭攻占汴梁，当上后晋的皇帝，以刘知远为侍卫马步军都指挥使，统率禁军。天福三年 (938)，刘知远与石敬瑭的妹夫杜重威同加同平章事，他因有佐命大功，耻与庸劣无功的外戚杜重威同列，故愤然不乐，拒不受命。石敬瑭大怒，欲罢其兵权，后经群臣劝说，石、刘二人达成妥协，但从此刘知远与石敬瑭离心离德。天福五年 (940)，石敬瑭任刘知远为邺都留守，把他调出朝廷，但仍让他兼任侍卫亲军马步军都指挥使。天福六年 (941)，又改任为北京留守、河东节度使，完全解除其统率禁军的权力。

为了加强自己的实力，刘知远处死了吐谷浑首领白承福，夺取了大量的财富及数千匹良马。契丹军进犯汴梁时，刘知远既不出兵救援，也不抗击契丹，而是采取了冷眼旁观、静待其变的态度。契丹攻占汴梁、灭亡后晋后，刘知远也曾派人奉表于契丹主，耶律德光呼其为儿，并赐予木拐，相当于中原王朝赐给重要大臣的几杖。在中原人民纷纷起来抗击契丹时，诸将劝其发兵攻取汴梁，他却不愿与契丹硬碰，以免削弱自己的实力。待到契丹军队无法在中原立足而北撤时，刘知远看准时机在太原称帝，时在 947 年，为了掩人耳目，他仍用天福年号而不改元，称这一年为天福十二年。当晋帝石重贵一行被押北上时，他假装悲愤，率亲兵以迎晋帝，实际上走到寿阳便又转回太原。然后他亲率大军乘中原空虚之际，渡过黄河，进入洛阳，便迫不及待地杀死了李从益母子，以绝人望。

刘知远是个有心计，也很毒辣的武将。当初，桑维翰向石敬瑭献计，提出向契丹王耶律德光称儿称臣，割让土地，刘知远说："称臣可矣，以父事之太过；厚以金帛贿之，自足致其兵，不必许以土田，恐异日大为中国之患，悔之无及。"从后来历史的发展看，反对割让幽云十六州土地确实是刘知远远见卓识之处。

开运三年 (946) 十二月，契丹攻陷后晋都城汴梁。刘知远分兵河东四境，防备契丹。天福元年 (947) 正月，刘知远派客将王峻奉三表拜见耶律德光，一祝贺耶律德光攻占汴梁，二说明自己不来朝见的理由：太原夷夏杂居，几万大军驻守在境，因而不敢离镇，以免发生意外，三说明自己没有向耶律德光进贡的原因：本来应该进贡，但契丹将刘九一自土门 (即井陉口，在今河北获鹿西南) 西入境，现正驻扎在南川，对太原造成威胁，等这股军队被召还之后，道路畅通了，必定进贡。刘知远的做法显然与众不同，既上表称臣，又保持自己的独立性。上述后两条理由虽然不过是借口，但也合情合理，所以，耶律德光不仅没有生他的气，反而赐诏褒美，称呼刘知远为"儿"，赐给他木拐一根。赐木拐是契丹的习俗，以示优礼大臣，如同汉族皇帝赐给大臣手杖一样。在契丹，只有伟王一人因叔父之尊才得到过木拐，可见刘知远是荣耀至极。本来，耶律德光早就青睐刘知远，当年耶律德光护送石敬瑭南下时，曾指着刘知远对石敬瑭说："这位将军非常勇猛，无大故不要舍弃他。"刘知远不仅勇猛，而且很有谋略，他的做法既未得罪耶律德光，又争取了人心，人们可以这样认为：刘知远同那帮对耶律德光俯首帖耳的文武百官、藩镇将领不一样，是一位能忍辱负重的大丈夫。不久，刘知远又派北都副留守白文珂向耶律德光贡献奇缯、名马，而他自己仍不去朝见耶律德光。耶律德光当然明白刘知远在徘徊观望，就让白文珂转问刘知远："你不事南朝，又不事北朝，还在等什么呢？"蕃汉孔目官郭威说："胡人很怨恨我们。"王峻认为契丹贪婪、残暴，会丧失人心，肯定不能在中原长期待下去。有人劝刘知远立即发兵夺取中原，刘知远胸有成竹地说："用兵有缓有急，当随时制宜。今契丹新降晋军十万，虎踞京邑，未有他变，岂可轻动哉! 观其所利止于货财，货财既足，必将北去。况冰雪已消，势难久留，宜待其去，然后取之，可以万全。"

以后形势的发展正如刘知远所言。耶律德光灭亡了后晋，当上了中原的皇帝，十分得意扬扬，广受四方贡献，纵酒作乐，对后晋文武大臣说："你们国家的事情，我都知道。我国的事情，你们就不知道了。"赵延寿请耶律德光发放粮饷，耶律德光说："我国没有这种做法。"于是，纵胡骑四出，以牧马为名，分番剽掠。因此，自汴梁、洛阳及郑州、滑州、曹州、濮州数百里之内，财畜殆尽。又搜刮汴梁士民钱帛，自将相以下皆不免，还分遣使者数十人到各州搜刮钱财，蓄之内库，准备运送国内。契丹的残暴与贪婪终于激起中原军民的愤慨，农民起义风起云涌，先是反抗后晋暴政，随着形势的变化，又奋起抗击契丹。

眼看契丹在中原大地上声名狼藉，行将崩溃，刘知远就盘算着怎样实现其称帝中原的计划。当初雄武节度使何重建斩契丹使者，以秦州、成州、阶州投降后蜀的时候，刘知远就故作姿态地叹息说："胡虏践踏中原，中原无主，藩镇将领叛降别国，我身为一方诸侯，不能拯民于水火，感到惭愧呀！"刘知远手下的将佐、幕僚深知他的弦外之音，都劝他称帝建国，以号令四方。刘知远认为时机未到，没有答应。耶律德光派兵押送晋少帝北上去契丹国内，刘知远又假惺惺地击腕表示愤慨，声言要出兵井陉（即井陉关，在今河北井陉县西北井陉山上，为太行山区进入华北平原的要隘），迎归少帝。二月十一日，刘知远下令武节都指挥使史弘肇集合各军，通告将士们出师迎帝的日期。士兵们都说："今契丹陷京城，执天子，天下无主。主天下者，非我王而谁？宜先正位号，然后出师。"于是，高呼"万岁"。刘知远说："虏势尚强，吾军威未振，当且建功业，士卒何知！"下令诸将加以制止。五代时期，士兵哗变，拥立将帅称帝的事情司空见惯，士兵们谁不梦想着跟随自己的主将享受荣华富贵呢？十三日，行军司马张彦威等部属三次上笺劝说刘知远建号称帝，刘知远还是迟迟不决。心腹郭威与都押牙杨邠说："今远近之心不谋而合，此乃天意。王不乘此机会而取天下，一再谦让，恐怕反而会失去人心。当断不断，反受其乱。"刘知远听罢，下定了决心。十五日，刘知远于太原称帝，为遮人耳目，收买人心，仍沿用后晋高祖石敬瑭年号"天福"，这一年为天福十二年。

三月三日，耶律德光召集后晋百官，说："天气就要热起来了，我不能久留此地，想暂时回国省视太后。"百官提议把太后接来，耶律德光说："太后族大，如古柏根，迁移不便。"十五日，耶律德光从汴梁启程回国，随从者有后晋百官几千人，诸军吏卒几千人，宫女、宦官几千人，尽载府库珍宝。十九日，自白马（即白马口，在今河南滑县东北）渡过黄河，耶律德光对宣徽使高勋说："我在国内，以射猎为乐，到这里却闷得慌。如能回到国内，我死也无憾。"契丹败退之际，更加残暴嗜杀。四月四日，契丹攻陷相州，兽性大发，见男子即杀，见妇女即抢，又掷婴孩于空中，举刀接之以为乐。高唐英留守相州，搜寻城中，得城中残活居民才700余人，后来，节度使王继弘收集城中尸骨埋葬，统计有10万余具。

耶律德光得知武行德发动河阳兵变，更加恐惧，哀叹说："我有三失，宜天下之叛我也。诸道括钱，一失也；令上国人打草谷，二失也；不早遣诸节度使还镇，三失也。"当初，耶律德光为防范后晋藩镇将领起兵反抗，就将他们征调到汴梁，留而不遣；又下令"自今节度使、刺史毋得置牙兵、市战马"。

可他哪里料到社会下层很快掀起一场汹涌澎湃的反抗斗争，他不得不急急忙忙把藩将派回各镇，可为时已晚。惊悸忧郁的耶律德光至临城，生了病；至栾城，病情恶化，高烧不止，聚冰于胸腹四肢，又嚼食冰块，体温还是降不下来，二十一日，死去。契丹人剖其腹，倒进几斗食盐，以防腐烂，载之北去。

契丹节节败退，又遇国丧，刘知远决定用兵进取中原。关于从何处出兵，将佐、幕僚与刘知远意见各一。将领们主张出师井陉，奔袭镇州（今河北正定）、魏州（今河北大名）。他们认为先定河北，河南则拱手自服。刘知远本人主张自石会出师，经上党（今山西长治）而南下。蕃汉兵马孔目官、副枢密使郭威认为："契丹主虽死，然其兵力仍然强盛，各据城而守。我军兵出河北，兵少路远，又无接应。如敌

兵联合行动，我军必定进退两难。一旦粮尽路绝，后果不堪设想，所以，兵出井陉一线是危险的。师出上党一线，山路险峻，沿途粮少民凶，后勤给养无法跟上，这条路线也不可取。近邻陕州、晋州两镇相继归附，师出两镇，万无一失，不出两旬，洛阳、汴梁可定。"刘知远说："爱卿说得好！"可中书侍郎、同平章事苏逢吉等人说："史弘肇大军已屯上党，胡虏继续北逃，不如出师天井 (即天井关，在今山西晋城南太行山上)，奔孟津为好。"司天官奏："太岁星在午座，不利南行，宜由晋州、绛州 (今山西新绛) 抵陕州。"刘知远终于决定走晋州、陕州一线。

刘知远从太原举兵南下，一路攻克泽州，抵达霍邑 (今山西霍县)，至晋州、绛州等到达洛阳后，汴州后晋百官奉表来迎。刘知远入汴梁，建立后汉政权。

后周郭威，黎明即将来临

郭威即后周太祖，字文仲，邢州尧山 (今河北隆尧) 人，由于他脖子上刺了一只飞雀，所以人们又叫他郭雀儿。有的书上说他原来姓常，后来母亲王氏改嫁郭简后他就改了姓。郭简曾经在后晋当过刺史，后来被刘仁恭所杀。郭威在 3 岁的时候又迁到了太原，不久就成了孤儿，由姨母韩氏抚养。18 岁的时候又到潞州投奔故人常氏。

当时，李继韬在潞州割据，他是河东大将李嗣昭的儿子，李嗣昭战死后，他就自称留后，联合后梁对抗河东。为扩充军队，李继韬在潞州招募军士，郭威就应征入伍了。

郭威勇武有力，豪爽负气，深为李继韬所赏识。有一次，郭威酒醉杀人，为官府拘押。李继韬暗中将其放走，后又招至麾下。后李继韬为唐庄宗所杀，其部众悉为收编。郭威因略通文墨、书算，升为军吏。及至后晋为契丹所灭，郭威归附刘知远部下。刘知远起兵太原，即位称帝，封郭威为执掌军务的枢密副使，并在临终时托孤于郭威和史弘肇。刘知远在位一年便因病逝世，太子刘承祐即位，是为汉隐帝，晋封郭威为枢密使。

不久后汉就发生了三镇叛乱，三镇即河中（今山西永济西）、凤翔（今陕西凤翔）、永兴（今陕西西安），朝廷先派了白文珂等人去平叛，但都没什么成效。于是郭威就受命出征，他平易近人，广交将士和文臣，两军交锋时又身先士卒，亲冒矢石，能与士兵同甘共苦，士兵立功他马上赏赐，负伤的他也亲自去抚慰。不管是谁提的建议他都能虚心接受，即使有人得罪了他，他也不记仇，终于使将士和睦上下一心，提高了士气和战斗力。郭威虚心听取将领们的建议，博采众长，制定了先攻河中的策略，然后用围困打消耗战的办法与敌对垒，一年后，在城中粮草已尽、士气丧失的时候一举攻陷，李守贞和妻子自焚而死，其他两镇也先后平定。

郭威又为后汉的稳定立下了大功，但他并没有借此要高官厚禄，而是借机提高自己的威望：当隐帝要赏他时他说破贼不是他一人的功劳，朝中的将相安定朝廷供给军需也有功，于是要隐帝赏赐史弘肇等人，他又说大臣们也有功，苏逢吉等人也因此加官晋爵，郭威又说各地驻军将领和州县官吏也有功劳，让隐帝嘉奖他们。郭威不贪功，却大大提高了自己的威望，和一般人相比，他的谋略要远大得多。

郭威平定三镇之后，隐帝又将北方的邺都也就是魏州驻守防御契丹的重任交给了他。在他赴任前，朝中为他是否带枢密使之职离京发生了争执，两派大臣矛盾激化，虽然史弘肇坚持要隐帝同意让郭威带枢密使赴任，但郭威对朝中之事很不放心，临行时恳切地对隐帝说："苏逢吉、史弘肇都是先皇的旧臣，都很尽忠为国，希望陛下推心任用，必当无事。边疆之事臣一定尽忠报效，不负陛下重托。"隐帝也有点不愿郭威出京，他对郭威说："朕夜里梦见你变成了驴，驮着我升

了天，等我下来后，你又变成了龙，离开我向南去了。"郭威听了抚掌大笑。大概隐帝这时已经担心郭威对他皇位构成的威胁了，所以等郭威不在的时候诛杀了史弘肇等人，然后又派人去杀他。

郭威到任后，积极备战防御契丹，但他出来不久朝中就发生了大事，隐帝没有听他的话，而是相反，听从了舅舅李业的挑拨，诱杀了史弘肇等人，然后命另一个舅舅李洪义到邺都去杀郭威等人。

李洪义和李业不同，他不想加害郭威，就将消息告诉了他。郭威听从了亲信魏仁浦的计策，倒过来用自己的官印假造诏书，说是让郭威杀众将，以此来激怒他们，众将果然听命于郭威，以诛杀奸臣清君侧为名杀向了京城。

隐帝见郭威起兵造反，遂将郭威在京眷属全部诛杀，并派兵抵御郭威。然而此时郭威大权在握，声威素著，各镇节度使纷纷倒戈拥戴郭威，隐帝被郭允明杀死于赵村。郭威带兵入京，并派人刺杀欲继位称帝的刘氏宗室武宁节度刘赟，迫使太后临朝听政，以郭威监国。次年正月，郭威正式登基

周太祖郭威

称帝，改国号为周。

当了皇帝之后，郭威就马上着手治理国家，进行改革来增强国力。他从小经历了很多苦难，对民间疾苦也有亲身体会，所以首先减轻了百姓的负担。这方面郭威主要做了两件事，一是罢除不合理的牛租，二是撤销营田务。在早年朱温征伐淮南时，朱温将缴获的上万头耕牛给百姓使用，然后向百姓收牛租，几十年之后，到后周时仍然在收，当年的牛早就死了，郭威下令废除这项既过时又累民的税收。至于营田务，是唐末以后在中原地区设置的由户部直接管理的农业生产机构，所属的农民负担很重。郭威废除营田务后，将原来百姓使用的田地房

屋和牛及其他农具都赐给他们永久使用。这项措施加上牛租的废除，极大地减轻了农民的负担，促进了生产的发展。其间，有人建议将一些好的营田卖掉，就能得到数十万缗钱来充实国库，郭威却说："让百姓得利，就像国家得利一样，朕要这些钱干什么？"

继位没多久他便下诏，命令各地官吏不得以任何借口来加收百姓赋税，原来普遍存在的正税以外的杂税一律废除。郭威又下诏减轻了后汉残酷的法律，比如，后汉规定，盗窃一文钱的也要处死，不是重罪的人又经常株连亲族，后周则规定，不是反叛和杀害亲属之类大逆不道的重罪不再株连亲属。后汉时，酒和酒曲（造酒的原料）实行国家垄断专卖，凡是民间有人私自买卖的不论多少一律处死，后周则大大减轻了处罚，而且做了具体的规定：一两至一斤的杖刑八十，一斤以上到五斤的判徒刑三年，五斤以上的则处死。此外，在后汉时禁止民间收藏买卖牛皮，私自买卖一寸的就要处死，后周规定，有田四十顷的才收取一张牛皮的实物税，其余的民间可以随意买卖。郭威了解民间用牛皮的地方很多，所以为百姓生活着想，才有此规定。

郭威除了改革利民之外，自己也非常注意节俭，尽量减轻人民的负担。他生活异常俭朴，衣食住行都很节俭，下诏禁止各地进奉美食及地方土特产品，珍宝就更不用说了。他对大臣们说："朕出身寒微，尝尽人间疾苦，也经历了国与家的灾难，现在当了皇帝，怎么能养尊处优拖累天下百姓呢！"他不仅不让进奉宝物入宫，还让人将宫中的珠宝玉器、金银装饰的豪华床凳、金银做的饮食用具一共几十件，当众打碎在殿廷之上。郭威经常对侍臣说："那些帝王，怎么能用这种东西！"

在治理国家方面，虽然郭威有些能力，但他仍然谦逊地重任有才德的文臣，以行动来改变从后梁以来军人政权的丑恶形象，他对这些有才德的大臣们说："朕生长于军旅之中，不懂得学问，也不精通治国安邦的大计，文武官员有利国利民良策的就直接上疏言事，千万不要只写一些粉饰太平的无用话。"

郭威的精心治理，使后周在很短的时间里就显露出国富民强的迹

象，为周世宗继续他的事业打下了坚实的基础。

954年正月，郭威病重。他自己知道难以恢复，便嘱咐养子柴荣(日后的周世宗)说："我不行了，你赶快替我修建陵墓，不要让灵柩留在宫中太久。陵墓务必从简，别去惊动、扰害百姓，不要用许多工匠，不要派宫人守陵，也用不着在陵墓前立上石人石兽，只要用纸衣装殓，用瓦棺做椁就可以了。安葬后，可以招募陵墓附近的百姓30户，蠲免他们的徭役，让他们守护陵墓。陵墓前替我立一块石碑，上面刻几句话，就说我平生习惯于节俭，遗诏命令用衣瓦棺。"又告诫柴荣说："我从前西征时，见到唐朝帝王的18座陵寝统统被人挖掘、盗窃，这都是由于陵墓里藏着许多金银财宝的缘故，而汉文帝因为一贯节俭，简单地安葬在霸陵原上，陵墓到今天还完好无损。你到了每年的寒食节，可以派人来扫我的墓，如果不派人来，在京城里遥祭也可以。但是，你要叫人在河府(今河北省河间市)、魏府(今河北省大名市东南)各葬一副剑甲，在澶州(今河南省濮阳县)葬一件通天冠绛纱袍，在东京葬一件平天冠衮龙袍，这件事你切不可忘了。"接着，他大封群臣，命柴荣继位说："我看当世的文才，莫过于范质、王溥，如今他俩并列为宰相，你有了好辅弼，我死也瞑目了。"当晚(壬辰日)，郭威病死于汴京宫中的滋德殿。

郭威一共在皇位上坐了3年，从正月里称帝，正好又在正月里病逝。终年仅51岁，死后的庙号为太祖。

五朝不倒，长乐老儿冯道

冯道，字可道，自号长乐老，瀛州（今河北交河东北）人，祖上有时务农，有时教书，地位都很低，但冯道却从小受家庭的影响，酷爱读书，文章也很有水平。他沉稳忠厚，不挑剔吃穿，只知读书，即使是大雪封门，尘埃满座也要先读书，书虫冯道在本地出了名，占据幽州的刘守光慕名将他召去做了幕僚。

刘守光不自量力，总想扩充地盘，还想称帝，冯道此时年轻气盛，多次劝阻，惹得刘守光一怒之下将他打入大牢，幸好朋友相救，这才脱险。也许这次事件使冯道开始变得谨慎起来，也变得圆滑了许多。

刘守光被李存勖俘虏杀死后，冯道也被收入河东，张承业很欣赏他的文章，将他保举给了李存勖，做了掌书记。在后梁和后唐沿黄河反复激战的时候，郭崇韬对李存勖说将领们的饭太奢侈，陪吃的人也太多，导致供应不足，请他下令降低标准，惹恼了李存勖，说让大家另选主帅。他让冯道起草这个命令，冯道劝道："郭崇韬言语有失，不听就行了，但不能分散将士之心。假如敌人得知，一定认为我们君臣不和，那就给了他们可乘之机，请三思为好。"李存勖醒悟过来，马上消了气。

一会儿，郭崇韬也来向李存勖谢罪，这件事就这么平息了。

李存勖称帝后，先升冯道为郎中、翰林学士，灭了后梁又授户部侍郎。不久冯道父亲去世，按封建法律规定，要暂时辞官回乡守孝。服孝期间，家乡闹饥荒，冯道便将自己家里的财物全部拿出来周济乡亲，自己住在茅草屋里，当地的官吏送来的东西他都没有接受，当时

契丹也素闻冯道大名，想偷袭将他抢走，由于边境守军严密防备，这才没有得逞。

冯道在家乡并没有摆官架，而是亲自下地劳动，也上山砍柴，对一些缺乏劳力的人家他也尽力帮助。

守孝期满后，他又回到京城，这时的皇帝已经是明宗李嗣源了，李嗣源久闻冯道大名，问安重海原来的那个冯道郎中在哪里，安重海说刚复任翰林学士，李嗣源不禁说道："他肯定是我的好宰相！"

在和大臣们相处时，冯道并非一味地懦弱忍让，有时也讥讽反击，同时团结一些人。加上他有度量，文采出众，日子一长，众人对他都肃然起敬。李嗣源对他的为人也很赞赏，说他当初在家守孝时自己耕种、上山砍柴、不端官架是真士大夫。

因为李嗣源的赏识，不久冯道便被升为宰相，在李嗣源这个明君手下冯道做宰相很顺利，他也找机会向李嗣源进谏。有一次，李嗣源问起他治国之道，他就说："陛下以德得到天下，应当日慎一日，以答谢天下百姓。臣早年侍奉先皇时，曾奉命出使，过大山的关隘时由于险要，所以非常小心地拉紧缰绳，人和马都没有事。但到了平地上，就觉得不用小心了，结果从马上摔了下来，伤得不轻。此事虽小但所含的道理很大，所以陛下不要觉得天下太平、五谷丰登了就可以松懈点，想多享受一些，应该兢兢业业使江山永固。"李嗣源非常赞同地点点头。

有一天，李嗣源又问冯道："天下虽然富足，那百姓过得好吗？"

冯道说："谷贵则饿农，谷贱则伤农，这是常理。臣还记得近代举人聂夷中的一首诗《伤田家诗》：'二月卖新丝，五月粜秋谷。医得眼下疮，剜却心头肉。我愿君王心，化作光明烛。不照绮罗筵，偏照逃亡屋。'"

李嗣源说："此诗甚好。"于是让侍臣记录下来，自己经常诵读，以提醒自己。

有一次，李嗣源拿出自己心爱的玉杯给冯道看，上面刻有一行字"传国宝万岁杯"，冯道便说："这是前世有形之宝，王者则有无形之宝。仁义是帝王之宝，古人说：'皇帝的宝座叫做位，怎样守住这个位叫做仁。'"李嗣源基本上是个文盲，他听不懂冯道这些话，等他走了，找来别的人一问，才明白了冯道在劝谏他，因而对冯道更加器重了。

李嗣源死后，李从厚继位，冯道还是宰相，等李从珂起兵夺得帝位后，他率领百官迎接，但李从珂不喜欢有些圆滑的冯道，让他到京城以外去做官。

不久，石敬瑭勾结契丹灭了后唐，为稳定政局，又让冯道当宰相。这次冯道经受了一次考验，那就是出使契丹。契丹原来就想抢走他没有得逞，现在直接要他去，名义是出使，实际是想把他要走。石敬瑭不愿让他去，知道很难再回来，冯道说："臣受陛下恩，有何不可！"坚持要走。其他人听说自己要到契丹去，脸色就变了，手也发抖，冯道却镇静地在一张纸上写了两个字"道去"，大家看了流下了眼泪。

契丹王听说冯道要来了，就要亲自迎接，有大臣劝阻说："天子没有迎接宰相的礼节。"契丹王这才没有去。

为回到中原，冯道用心周旋。有次契丹王话中流露出留他的意思，他说："南朝为子，北朝为父，两朝为臣，岂有分别哉！"得到赏赐后，冯道便都换成薪炭，有人问他为什么这样，他说："北地太冷，我年老难以抵御，所以早做准备。"像要久留的意思，见冯道这样，契丹王很感动，就让他回去，冯道却三次请求留下来，契丹王仍让他走。冯道又在驿馆住了一个月才起程上路，路上也走得很慢，契丹的官员让住就住，两个月才走出契丹边界。左右随从不解地问："从北边能回来，我们都恨不得插上翅膀飞，您还要住宿停留，为什么这样啊？"冯道说："纵使你急速返回，那契丹的良马一夜就能追上，根本就逃不掉，慢慢走反倒能安全返回。"大家听了，叹服不止。

出使契丹顺利归来后，冯道受到石敬瑭的进一步重用，后晋不设枢密使后，将其职权归入了中书省，由冯道主持，政务不管大小，石敬瑭都问冯道如何处理。有一次，石敬瑭竟问起冯道军事方面的事来，冯道谦逊地说："陛下久经沙场，神威睿智，军事讨伐之事，自行裁

断即可。臣只是一个书生，为陛下守历代的成规，不敢有丝毫差错。军事之事，臣确实不知。"

辅佐石敬瑭的时候，冯道也提出过退休，但石敬瑭不准，连他的申请也不看，让人去告诉他，如果不去就亲自上门来请，冯道只好再出来任职。不知冯道是否也觉得为儿皇帝当宰相感到屈辱，所以才提出退休，但最终还是身不由己地继续去做，软弱和忍耐两种特性在冯道身上融合在了一起。

石敬瑭死后，石重贵继位，新皇帝不喜欢冯道，而且有人对石重贵说冯道只能做太平时代的宰相，没能力挽救危难，于是石重贵就将他打发到地方上任节度使。冯道并无怨言，其实他的度量还是比较大的，下放之前他曾经问别人大家对他的评价如何，这人说是非各半，冯道却说："赞同我的人说我是，不同意的人说非，反对我的人恐怕有十分之九吧。"

石重贵在景延广等人的支持下，和契丹开战，大战了三次，最后终因杜重威投降，无兵可调，后晋灭亡，石重贵等也被迫流亡契丹。

冯道前去见耶律德光，遭到斥责，耶律德光问他："你为何来见我?"

冯道答道："无兵无城，怎敢不来。"

耶律德光又刁难他："你是何等老子?"

冯道说："无才无德，痴顽老子。"

耶律德光不禁笑了，免了他的罪，又授予他太傅的荣誉职衔。

耶律德光还问过冯道如何治理中原："天下百姓，如何救得?"

冯道顺着他说："现在的百姓即使佛再出也救不得，只有皇帝能救得!"虽然有点讨好的意思，但据说耶律德光在中原不再像先前那样滥杀了。

但契丹军队在中原的掠夺终于导致军民的大反抗，耶律德光只得退兵，没等回到老家，就死在了栾城（今河北栾城）。接着，阿保机长子耶律倍的儿子耶律阮被将领拥立为帝，北上囚禁了述律后。契丹的内争又给中原的抵抗提供了有利时机，被耶律德光一起带走的冯道等人到镇州（今河北正定）时，契丹军被驱逐，获得自由。当时，造反的众将士要推举冯道为帅，冯道推辞说："儒臣怎么能做成这样大的事呢，都是众将的功劳。"看见被掠夺的中原妇女，冯道就变卖东西将她们赎回，然后派人将她们一一送回家。

在后汉冯道仍然被授予太师，生活得自由又自在，为此他还写了篇《长乐老自叙》，将他历代的官职都列了出来，他也说了一些为人处世的道理，如"口无不道之言，门无不义之财"。还有三不欺，即"下不欺于地，中不欺于人，上不欺于天"，而且不管贵贱都能坚持。他说死后希望选择一块无用之地埋葬即可，不像别人那样嘴里含珠玉下葬，也不穿豪华的寿衣，用普通的粗席子安葬就行。最后，冯道说他唯一遗憾的是不能辅佐明君完成统一大业，安定八方，所以有愧于曾经担任的官职。但后来周世宗要北上击退北汉军队时他又极力阻拦，看来他的文章中也有浮华之词。

郭威起兵灭了后汉，去见冯道，想试探一下他的看法，是不是可以称帝了，但冯道却没有什么表示，郭威见他碍事，就把他打发到徐州接刘崇的儿子来继位，没等冯道回来，郭威已经在开封称帝，刘崇的儿子被杀后，冯道回到京城，郭威又重用了冯道，让他任宰相。

老年的冯道，这时已经70来岁了，不知为何，他竟又大胆地劝谏了周世宗一次，而且讽刺世宗。当时，北汉军队在刘崇的率领下，联合契丹军，想趁郭威刚死灭掉后周。后周前方军队初战失利，世宗柴荣要亲征，冯道就反对，柴荣说要学唐太宗定天下，冯道说不必学唐太宗，柴荣说后周打北汉，如同大山压累卵，冯道又讥讽地问柴荣能做得了山吗。结果惹恼了柴荣，让他负责修郭威的陵墓，当了个没有什么实权的山陵使。自己率领军队亲征去了，在高平大胜北汉军队。

陵墓修好后，冯道就病逝了，终年73岁。

冯道一生以圆滑著称，因为这个许多人不喜欢他，但冯道也直谏过几次。除了劝谏刘守光、柴荣外，他还劝谏过后汉高祖刘知远。因为百姓违禁买卖牛皮，按照后汉严酷的法律规定要处死刑，当地的判官反对处死，还大胆地上疏给刘知远，刘知远大怒，下令犯人和判官

一块处死。冯道就出来反对，说牛皮不应该禁止买卖，于民不利，至于判官则是个敢于直言、赤胆忠心之人，不但不应该杀，还应当奖赏。然后冯道将责任揽到自己身上，说他失职，没有及时出来制止这种法令的实施，以致今天害死无辜百姓，让刘知远治自己的罪，最后刘知远只好赦免了判官和百姓。

不过冯道的度量还是比一般人大一些的，有一个出身军吏的官员在衙门口骂冯道，冯道说："他肯定是醉了！"然后让他进来，设宴招待，一直到了晚上，也没有丝毫不快和怨言，不久还升了那人的官。

客观地说，冯道在年轻的时候很有志向，也有耐力有信心，他身份低微时写过一首诗，说明他坚信自己以后必有发挥才干的机会："莫为危时便怅神，前程往往有期因。须知海岳归明主，未必乾坤陷吉人。道德几时曾去世，舟车何处不通津。但教方寸无诸恶，狼虎丛中也立身。"与虎狼为伍不值得提倡，但冯道做官那么长时间，而且做的是宰相之类的高官，没有贪污国家钱财，没有为非作歹，还算有很多值得肯定的地方。

后梁宰相，第一功臣敬翔

敬翔，字子振，同州冯翊（今陕西大荔）人，生年不详。曾自称为唐朝平阳郡王敬晖的后代，曾祖父敬琬，做过绥州（今陕西绥德）刺史，祖父敬忻，做过同州椽，即刺史的属官，父亲敬衮，官至集州（今四川南江）刺史。

年轻的时候敬翔就聪明过人，反应灵敏，他酷爱读书，尤其擅长写文章，人称少年英才。按照历来的传统习惯，学而优则仕，他也在唐朝末年赶赴长安参加进士考试，结果未能金榜题名，因此心情郁闷。或许他还想着下次再满怀信心地去应试，但黄巢的起义军却在这时攻占了长安，乱世之中，敬翔只好逃奔他乡，暂寻出路。没想到柳暗花明又一村，从此敬翔走上了人生的转折之路。正所谓榜上无名，脚下有路，如果敬翔没有转投他乡，仍沉于科举考试一条路，那也许就很难成就朱温的霸业了，同时，敬翔自己也难有一番成就，最多不过是科举及第后做个普通的官吏，适时地转变观念，重辟蹊径，敬翔这种思路很值得我们学习。

敬翔先到了汴州（今河南开封），投靠了同乡王发，王发当时在刚上任的宣武节度使朱温手下任职，做观察支使。可是王发也找不到合适的机会将敬翔引见给朱温，敬翔并未怨天尤人，而是就地发挥自己的特长，替军营中一些不识字的将士代写书信、奏章，同时也暂时解决了生活困境。敬翔的文笔流畅优美，通俗易懂，很受官兵的喜爱，有时他写的一两句话竟被当成警句在军营中广泛流传。机遇终于降临到他的头上。朱温也很喜欢这些浅显通俗的警句，当听说是部下王发的同乡所写时，便对王发说：“听说你有位老乡很有才华，你带他来让我见见。”

见到敬翔，朱温便问他：“知道先生很精通《春秋》的大义，我现在有些根基了，很想学习《春秋》里边的方法来作战，以图更大的事业，不知道先生意下如何？”

敬翔朗声答道：“自古至今的用兵之道，贵在随机应变，出奇谋而制胜。古代的礼俗到现在都没有沿袭下来，变化极大，况且是用兵之道。一味学习《春秋》就是因循守旧，结果只能是徒有虚名而无实效，百战难以百胜，那么大王的大业也就很难有希望了。”

朱温听后连连点头，非常高兴在军中得到这样的智谋之士，他马上让敬翔担任了军职，每逢行军打仗，敬翔都追随左右，时间不长，敬翔向朱温提出改换文职，因为他发觉自己不太喜欢做武官，更不擅长领兵打仗，指挥作战，而做文职却是他的特长。朱温很爽快地答应了，改任他为“馆驿巡官”，专门负责文书奏章的起草工作。从此，敬

翔成了朱温的重要幕僚，他的才华也有了很好的崭露机会。

朱温自从有了敬翔这位军师的辅佐，争霸事业逐步走向了成功。敬翔的才干初次显露是在与秦宗权的争夺战中，黄巢死后，部将秦宗权称帝，并且攻占了河南西部地区，成为朱温在中原的最大对手，秦兵压境，以 36 营兵马围攻汴州，朱温兵少难敌，一方面派人招兵，一方面向外边求救。在这个过程当中，敬翔的奇谋良策接连不断，料事如神，最终在汴州北边的孝村大败秦宗权，使之势力大衰，后来朱温又调集重兵围歼，秦宗权被捉，押赴长安处斩，朱温也因此而晋封东平郡王。朱温对敬翔大为赞赏，说他与敬翔相见恨晚，还异常感慨地说："天降奇人，以佐于我！"可惜的是，许多史书未能将敬翔的智谋详细记载下来。此后，凡是遇到军机大事和施政方略等问题，朱温都要向敬翔询问讨教对策。

为辅佐朱温，敬翔的计谋有时也很奇特，或者称之为诈计，这也是在刚做朱温幕僚的时候，朱温极想扩大自己的势力，但常常苦于兵力不足而无所作为。想出去征兵又怕各地的军阀阻挠，所以，常为此而愁眉不展，敬翔趁机献出了良谋奇计："明公如果要图大业，难免要和四邻有所冲突，与其固守不如立即出击，可以让您的部下将士假装叛变而投向敌方，然后您再奏明圣上以及四周诸侯，以袭击镇压叛徒为名，击溃敌方。"朱温照计行事，果然大有收获，不但小胜敌手，更主要的是每次都能借机招兵扩军达 10 倍之多，朱温的兵力逐渐得以扩大。兵不厌诈的计谋被敬翔运用得灵活自如，原先曾援助朱温抗击秦宗权的朱瑾兄弟，最后也被朱温扣上一个诱降其兵士的帽子，然后出兵攻击，最后俘杀了朱宣，朱瑾被迫南逃投奔了杨行密。朱温则占领了他们原有的领地，势力也超过了河东地区的李克用。

但是，朱温有时也刚愎自用，不肯听从敬翔的忠告。在打败赵匡凝之后，朱温的欲望陡然膨胀，先是上表向唐昭宗强要淮南节度使的官职，然后就想乘刚战胜赵匡凝及其部属的余威，一举扫平淮南的割据者杨行密。敬翔赶忙进谏阻止："我们这次出师征伐不足一个月，就已平定两大镇，辟地达数千里，远近闻之，莫不震慑，我们应该珍惜这种威慑力，暂时收兵休整，然后再待机而动。"但朱温根本听不进去，一意孤行，结果冒进的军队在中途遭到暴雨袭击，士气低落，最后攻城时又连连失利，大败而归，不到黄河不死心，吃了大亏的朱温这时才醒悟过来，后悔当初没有听敬翔之言。这次反面的教训使朱温更加器重这位精明而能干的谋士。

经过了长期实践考验，敬翔成了朱温时刻不离左右的心腹军师。

朱温本性狡诈多谋，人们很难猜透其意，而且经常猜疑众将，动辄斥骂滥杀，文武群臣对他都很畏惧。而敬翔做事却非常机警多智，他极少在众人面前向朱温进谏，为的是不使他难堪，敬翔用的是心智，注意观察朱温的言谈举止和表情的微小变化，凭此就能揣透其内心所想。有时朱温所做之事有所不当，敬翔便因势利导，予以暗示提醒，朱温也是一经察觉便心领神会，然后必然改正。有时如果朱温指挥部署不太周全，敬翔就设法及时予以补救。因此，敬翔对朱温的辅佐形迹，众人竟难以察觉，更不用说知其内情了。外有敬翔全力佐助，内有贤妻张惠指点，朱温有幸得内外贤人相助，其霸业也就有了很坚实的基础。

敬翔不但辅佐朱温成了诸侯的霸主，而且在后来朱温灭唐建梁的过程中也是他多方出谋献策，促使称帝成功，敬翔的官职也随之越来越高。在朱温发兵迫使李茂贞交出唐昭宗，从而取得对唐昭宗的控制权后，由于朱温的全力保举，唐昭宗封敬翔为检校右仆射、太府卿，还被赐号"迎銮叶赞功臣"。

朱温称帝后，更是对敬翔倍加重用，朱温将昔日唐朝的枢密院改为崇政院，任命敬翔为知枢密院事。在唐朝时枢密院一直由宦官掌管其大权，此时由敬翔任首任长官，可见朱温对敬翔极为器重。事实上，知院事一职甚至比宰相职权更重，可以先和皇帝议事于禁中，然后再向宰相宣旨施行，至于宰相的日常奏请，也要先通过崇政院送达皇上。受此重任后，敬翔更是勤于政务，内外事务无不用心。例如在开平二年（908）四月初夏时，朱温派刘知俊征讨西边经常侵扰边界的割据势力，但又担心作战是否会取胜，就召敬翔前来询问。敬翔侃侃而谈，

详细剖析了当地的山川走向、郡县的虚实情况，甚至出征部队的多少都了如指掌。在座的人无不惊叹敬翔的才干，连朱温也是赞叹不已。

朱温后来又升敬翔为光禄大夫、行兵部尚书、金銮殿大学士，封平阳郡侯。在后梁首次设大学士，便首先授予了敬翔，说明他的功劳已经超过了众人。

敬翔跟随朱温前后共30年，从军作战运筹帷幄，昼夜谋划，自己常说只有在马鞍上才能得到休息。可惜朱温死后，后梁末帝未再重用敬翔，以致亡于后唐，敬翔也无奈而自尽身亡。

在朱温病重时，将敬翔召到床前委托后事，让敬翔将朱友圭逐出京城，出外任刺史，朱友圭便发动兵变，杀死父亲朱温，自立为帝。朱友圭对敬翔非常危惧，虽然以李振代替他任崇政院长官，但为了使群臣与他合作，还是任命很有威望的敬翔为宰相，敬翔表面上接受任命，但经常称病在家，与朱友圭保持距离。

等到梁末帝朱友贞上台之后，也未重用敬翔，而是宠信赵岩等人，敬翔受到这些权臣的排挤，终日郁闷不乐，忧虑着后梁的江山社稷。

朱友贞并没有其父朱温的那点才干，在他的治理之下，后梁很快走向了灭亡。对内他没有能够处理好魏州将士的问题，却导致了魏州（今河北大名北）兵变，终于丧失了北方的大片领土。在和李存勖的对抗战争中更是处于下风，自己深居宫中，不了解战况，更不了解将士，却自负地任意调兵遣将，妄下军令让刘鄩急进攻敌，导致黄河以北的大片土地丢失。后梁军在杨刘（今济南西南）被晋军大败之后，敬翔无法忍受这种残败局面的继续，径直上殿向梁末帝慷慨进言请命出征："国家连年派将士出征，但疆土却日渐削减，这不只是因为兵骄将怯，还因为调兵遣将不得其法。陛下平日深居宫内，和您商议国家大事的都是些左右的随从，这又怎么能料敌制胜呢？先皇在世之时，占据了黄河以北的大半领土，虽然也亲率虎臣骁将连年征讨，也不能扫灭河东的劲敌李克用父子。现在敌人的兵马已迫近郓州，陛下却没有像先皇那样亲征杀敌，这是臣没有及时奏明的第一件事。此外，臣还听说李亚子（存勖）自从戴孝出征以来，已经十年之久，每次攻城列阵，总是身先士卒，冒着箭石冲锋。昨天听说进攻杨刘的时候，他也是先背薪渡水，一鼓作气而破城池。陛下不比他差，儒雅而有风度，却没有亲征退敌，反而让贺瑰之流的将领与之抗衡，寄托驱逐敌寇的愿望，这很难如愿，这是臣失职没有及时奏明的第二件事。现在陛下应该亲征，同时向黎民百姓老臣宿将询问破敌良策，否则，大患难除，臣虽然愚笨胆怯，但受国恩很深，如果陛下缺少将才，臣恳请去前线为国效死力！"

梁末帝虽然懂得他的满腔忠诚，一片忠心，但终究还是听从了赵岩等人的谗言，认为他是因为不得志而在发牢骚。

等待不久后，晋军已兵临城下，大势已去的时候，梁末帝这才又想起了敬翔，急忙召来问退敌之计："朕以前总是忽视爱卿的逆耳忠言，以致有了今天这种残局，国事紧急，爱卿就不要发牢骚了，请问朕现在该怎么办啊？"

敬翔无奈地说："陛下当初以无勇无谋的段凝代替智勇双全的王彦章为主帅时，臣就曾极力反对，无奈当时小人依附陛下，终有今日恶果。后来臣也屡次献计迎敌，但陛下总是迟疑不决，现在纵使张良与陈平复生，也难以转祸为福了。请让臣先死吧，臣不忍心看国破家亡的残局。"

君臣相对落泪，都已无力回天，俗话说逆水行舟不进则退，面对亲征的李存勖，朱友贞不但不亲征对抗，反而贪图享受，宠信小人，再加上调兵遣将时昏庸无能，后梁的败亡也应在情理之中了。

晋主攻进开封城后，曾下诏赦免后梁的旧臣，李振对敬翔说："既然有赦免令，我要去朝见新君主了。"

敬翔问他："新君如果问起来，你又怎么回答呢？"李振没说话便走了。

第二天天快亮的时候，左右来报，说李振已经入朝见晋主去了。敬翔长叹道："李振徒有大丈夫之名，我们与晋世代为仇，我与他还一同谋划破敌，没想到到现在这种地步，少主（朱友贞）死于国门，纵使新君赦免，又有何面目再进建国门。"最后敬翔自尽而死。

值得一提的是，李振这个昔日将唐末大臣投入黄河，狂言让"清流"变浊流的人，投降新君之后也未得到丝毫富贵，反而是既丢脸面又丧性命。当李振拜见晋主请罪时，大将郭崇韬对别人说："人们都传说李振是一代奇才，我今天看他这样子，不过是一介平民！"最后李振也命丧亡国之都，浊流之言反而印证了自己。

忠勇善战，猛梁将王彦章

王彦章，字贤明，郓州寿张（今山东东平西南）人，祖父王秀，父亲王庆宗，都没有做官，在王彦章任官以后，祖父被赠左散骑常侍，父亲被赠右武卫将军。王彦章少时就从军，隶属朱温帐下，以骁勇善战而著称。

当初王彦章应募从军时，同时有数百人一同参军，王彦章请求自己做队长，众人都不同意，恨恨地对他说："你王彦章是什么人，刚从山野草莽之中出来，就想跳到我们的上面做队长，你也真是太不自量力了吧！"王彦章听了，根本没有答理他们，却径直对当时在场的人说："我天生的一身雄壮之气，觉得你们确实比不上，所以请求做你们的队长，以后一起杀敌立功。没想到你们这样不领情，反而咄咄乱说。看来不给你们开开眼分个胜负，你们就不会心服口服。大凡健儿开口便言生死，但今天没有在两军阵前，我就先给你们看看我脚上的功夫，光脚在有蒺藜的地上走上三五趟，再看看你们有谁也能来试试？"大家开始以为他在说大话戏弄众人，没想到王彦章真的走了几趟，脚上一点事儿也没有。众人不禁大惊失色，没有人敢上前效仿，都暗暗佩服不已。朱温听说之后，视王彦章为神人，因此提拔重用了他。

从此，王彦章就随朱温转战各地，屡立战功，军职也随之升迁，开始率领侍卫亲军。王彦章作战常使两条铁枪，一条挂在马鞍上，一条握于手中，冲锋陷阵的时候马跑如飞，一条铁枪也舞得如飞一样，斩关破垒，所向无敌，据说王彦章的一条铁枪有一百斤重。由于战功卓著，王彦章的官职屡次上升，从开封府押牙、左监门卫上将军，到行营左先锋马军使，再加金紫光禄大夫、检校司空。梁末帝朱友贞继位后，先任王彦章为濮州（今山东鄄城北）刺史。后来朱友贞又调他任澶州（今河南濮阳）刺史，还晋封他为开国伯，以嘉奖他辅佐朱温的建国之功。

朱友贞在魏博节度使杨师厚死后，想趁机将魏博镇一分为二，消除其对朝廷的威胁。他听信亲信赵岩的建议，下诏之后，又怕发生兵乱，就派王彦章率领精锐骑兵 500 先到邺都（魏州所改的名称）附近的金波亭驻守，进行防备。后来魏州军在二十九日夜里果然不听调遣，发生兵变。首先进攻王彦章的馆舍，王彦章仓促南逃。晋军为夺取魏州，也派兵救援，攻克了澶州，王彦章的全家被俘。澶州夜间被袭击时，王彦章正在刘郡军营中，所以被晋军突袭成功。晋王李存勖将他的全家送到了晋阳（今山西太原），待遇优厚，又派人秘密去见王彦章，诱他归降河东，王彦章就将这人杀死，以绝晋王李存勖招降的念头，但李存勖并没有放弃，直到几年之后，看王彦章确实不肯归降才下令杀掉他的全家。

后梁末年，梁末帝朱友贞任王彦章为许州（今河南许昌）匡国军节度使，并晋封为开国侯。不久之后，朱友贞调他任北面行营副招讨使，不久又让他到滑州（今河南滑县），抵抗晋军的攻击。但这时的朱友贞已经处于灭亡的前夜，宠信奸臣，不用敬翔等老臣，政局日渐衰落。

李存勖在魏州称帝，建立后唐时，后梁也到了弥留之际。紧接着，李存勖派李嗣源率领 5000 精锐骑兵袭取了重镇郓州，在东面给后梁造成致命威胁，使后梁朝廷上下一片恐慌。已不受重用的敬翔这时出来声泪俱下地极力推荐王彦章领兵抗敌，说战事紧急，非王彦章不能挽

救危亡局势。梁末帝只得让王彦章担任北面行营招讨使，让段凝为副职，对唐军做最后一搏。受任之时梁末帝就催促王彦章赶紧出兵，王彦章立即领兵从杨村砦顺黄河东下，水陆并进，阻击唐军，突袭截断了唐军建在黄河上面连接德胜（今河南濮阳）南北两城的浮桥，并攻占了南城。然后，王彦章下令拆掉南城，用所得木料做成筏子，让军士站立其上，顺黄河继续东进，去争夺杨刘城。

李存勖得知德胜南城被占后，也命唐军放弃北城，像王彦章那样也命令拆民房扎木筏顺黄河而下，救援杨刘城。王彦章率军东进，一路上与唐军各行黄河两岸，每到河道转弯之处，两军就交战不止，飞箭如雨一般，等到杨刘时竟交战达100次之多。王彦章马不停蹄，督率军队立即攻城，昼夜不停。因为王彦章也很清楚，杨刘虽然是个小城，但其战略地位极其重要，如果唐军站稳脚跟，就会从这里出兵直捣后梁的首都，所以王彦章急攻杨刘，打得唐军没有丝毫还手之力，只能拼死坚守。有几次几乎被王彦章攻克，最后在李存勖的援军到达之后才保住不失，但王彦章已将杨刘城用深沟重垒围困住，李存勖的军队也无法进入。无奈，李存勖只好采纳郭崇韬的建议，在东面博州附近的黄河南岸再筑一个渡口，建城固守，并以此牵制王彦章攻杨刘的军队。王彦章几天后才得知消息，赶忙去拔掉这个据点。从早晨一直到中午，在就要攻陷的时候，李存勖的援兵到了，王彦章只得撤退。

正在两军在黄河两岸僵持不下时，朱友贞却罢免了王彦章的兵权，任命段凝为帅，自毁长城，将后梁和他自己送上了不归之路。王彦章被罢职后，回到了京城，当着梁末帝的面用笏在地上画地形图，向梁末帝陈述军事形势，分析退敌取胜的策略。赵岩又指使人弹劾他对皇帝不恭，被强令退下。

段凝没有将才，却会行贿争权，不过他最后投降后唐，也没有好结果，被明宗李嗣源赐死了事。后梁朝廷当中，掌权的是朱温的女婿赵岩和张汉杰，王彦章对他们深恶痛绝，加上王彦章行伍出身，性情耿直，不知说话避讳，在即将出征时对亲随说："等我退敌立功之后，回师之日，一定要杀尽奸臣，以谢天下。"赵岩和张汉杰知道后私下商议道："我们宁愿死于沙陀人（指李存勖等人）之手，也不能让他王彦章杀了我们。"于是就想尽一切办法诬陷王彦章，并联合早有异心的段凝一起在朱友贞的面前诋毁王彦章，他们知道王彦章说到做到，万一他击退唐军得胜还朝，那他们就死无葬身之地了。所以在王彦章作战没取得胜利的时候，就诬陷王彦章轻敌喝酒才致使战势没有好转，以致败于唐军。朱友贞听信谗言，就罢免了王彦章，由那个只会钻营行贿不懂用兵的段凝取代了他。段凝本人和王彦章平时也有矛盾，王彦章看不起他这种喜欢投机取巧的人，所以为求兵权，段凝也主动和赵岩等人勾结，共进谗言，等他掌握了兵权，不到 100 天，后梁就完了。而他却又耍弄擅长的行贿手段，不但没被杀，还在后唐做了官，但最后也没保住性命。

这年的九月，正是秋天的时候，后梁朝廷听说唐军将要从兖州出兵，梁末帝急忙派王彦章领兵从汴州东进阻击。王彦章率领几千宫廷的侍卫骑兵向东开拔，但已经起不到什么大的作用了。梁末帝还派了张汉杰作为监军随军而行，这又等于牵制王彦章，因为张汉杰是赵岩的同党，监军对军队的调动有一定的权力，可见后来王彦章的兵败负伤被俘，张汉杰不能说没有一点责任。在末世，在小人和昏君的环境里，王彦章已经没有用武之地了，再往后只能是悲剧了。

王彦章进军之后，想拿下唐军占据的郓州，因此他领兵北上进攻，却被唐军所袭。只好退守到中都（今山东汶上）。不久李存勖率大部队来攻，王彦章寡不敌众，率领他的百名亲军做殊死抵抗，终于受伤被俘。唐将夏鲁奇原是朱温的旧将，和王彦章关系很好，等到王彦章兵败时，他听到了王彦章熟悉的声音说："这是王铁枪。"然后乘王彦章不备挥槊刺去，将王彦章刺成重伤，马也跌倒了，王彦章因而被夏鲁奇俘获。

李存勖见到王彦章，对他说："你经常把我当成小孩子来轻看，今日还服气吗？"看王彦章没有说话，他又问道："我素闻你善于领兵，为何不坚守兖州？这个小城没有城垒，怎么能固守呢？"王彦章回答道："大势已去，国家局势不是臣一人的智力所能扭转的。"李存勖

听了，有些替王彦章伤心，亲自赐药给他包扎伤口。李存勖知道王彦章勇武善战，想让他归降，为他效力。于是命人去抚慰王彦章，用话试探他，王彦章说："我出身平民，在本朝屡受提拔重用，而且和你们对峙作战达15年之久，今天兵败被俘，死也很正常。皇帝（指李存勖）纵然看重我，宽恕我，我又有何面目见人！哪有为臣为将，朝事梁而暮事晋的道理！死也很荣幸了。"李存勖又对李嗣源说："你再去亲自说说他，或许能听。"当时王彦章由于受伤不能走路，李嗣源就到他的床前去见他。王彦章指着李嗣源说："你是不是邈佶烈呀？"邈佶烈就是李嗣源的小名，王彦章原来也看不起李嗣源，就以他的小名称呼，以示轻蔑。其实，王彦章这样也是不让李嗣源说话。不久，李存勖命人用轿子抬着王彦章随军而行，到了兴城，王彦章说伤口痛楚难忍，坚请留下，李存勖见已经无法说服他归顺，只好下令将王彦章杀死。王彦章死时61岁。

愚蠢好色，刘守光丧气节

刘守光，深州乐寿（今河北献县）人，父亲刘仁恭，驻守在幽州，任卢龙节度使，他的哥哥刘守文也是节度使，驻守在沧州（今河北沧州东南）和德州（今山东陵县）一带，父子俩的地盘相连，成为河北地区的一大割据势力。刘守文作战时善于挖地道攻城，所以军中给他起了一个外号叫"刘窟头"。

刘守光很笨，但愚蠢中又有些狡猾和奸诈。虽然人很笨，却很好色，而且色胆包天，连他父亲的美妾也敢碰，趁他父亲不在的时候便将她霸占了。他父亲闻听此事，鼻子都要气歪了，命人把这个不肖之子抓来，乱棍齐下教训了一番，然后让他滚到外地驻守。

　　将儿子赶走后，刘仁恭便自在地享受起来，为争夺幽州这块地盘，他长期奋斗，现在站稳了脚跟，就又想长期享受荣华富贵，为此，他招来道士给他炼长生不老之药。在幽州西边的大安山里建造了豪华的宫殿，又从民间挑选了大批美女充实宫中，过起了神仙一般的生活，对幽州城内的一切事务极少过问，但他这种生活并没有持续多久。朱温早就有意征服幽州地区，在刘仁恭享受的时候，他出其不意地派大将李思安领兵攻到了幽州城下。

　　刘仁恭当时在大安山中享乐，幽州城内没有防备。刘守光听到消息，赶忙领兵急奔幽州，抢在后梁军队的前面进入了幽州，率领幽州守军将李思安赶走了，立下一功。

　　但刘守光此后却又做出了出格的事，他不肯再回到外地，以为自己守城有功，于是他自己便宣布由他任卢龙节度使，不声不响地罢了父亲的职务。然后他又派属将李小喜领兵围攻大安山，刘仁恭派兵出击，但他的兵却不堪一击，最后刘仁恭做了儿子的俘虏，刘守光将这个贪图享乐不务正业的父亲押回了幽州，囚禁起来，刘仁恭从此便当起了儿子的长期囚徒，直到幽州被李存勖攻陷，他和儿子又一起被抓，同样被处死。刘守光不但对父亲不讲情面，对他的左右侍从和婢女也很残忍，不服从他的便都杀死。

　　刘守光做下了这种大逆不道的事，使他驻守在沧州的哥哥刘守文火冒三丈，刘守文召集将士们，大声哭诉道："父母辛辛苦苦将我们抚养大，没有功劳也有苦劳，自古以来哪里有儿子把父亲当成仇敌加以囚禁的！我们家出了这种孽障，我真是生不如死！"众将士也义愤填膺，纷纷表示跟随他讨伐逆子刘守光。刘守文便兵发幽州，兴师问罪。

　　交战初期，刘守文不是弟弟的对手，连连吃了败仗，无奈之下，只好向契丹和吐谷浑请求支援，援兵四万人到达后帮助刘守文打败了刘守光。刘守文见得胜了，便一个人到了阵前，装出十分难过的样子，流着泪大声说："不要杀我的弟弟！"

见刘守文毫无防备，刘守光手下大将元行钦打马飞跃出阵，向着刘守文就冲了过去，活捉了他。刘守光见状，精神顿时振奋起来，指挥部下又大败了刘守文的军队，接着挟持着刘守文攻陷了沧州。

沧州守将孙鹤比刘守文能干，他拥立刘守文的儿子刘延祚为首领，率领将士坚守沧州，前后一共相持了几个月，沧州被围困得粮食吃尽，于是便出现了人吃人的惨状。军士吃人，百姓吃土，驴马相遇时，便吃它的鬃尾。文弱的书生外出，常常被长得粗壮的人杀掉当粮食吃。最后，刘延祚只得投降。沧州攻下之后，刘守光便残忍地将他的哥哥刘守文杀死了。

囚禁父亲，杀死哥哥，刘守光便将幽州和沧州等地全部纳入自己的统辖范围。然后他又实行高压政策来使百姓和将士俯首听命，刑罚也非常残酷。他为惩罚犯人，制造了铁笼子和铁刷，如果有人犯罪，便关进铁笼子，然后在四周点起火来，烘烤折磨。更残忍的是，他还命人用铁刷刷犯人的脸和身上的皮肉。幽州百姓无法忍受他这种残暴的统治，纷纷向外逃亡，有的甚至逃到契丹境内。

刘守光当事实上的土皇帝还不满足，他想的是公开称帝，像朱温那样，面南背北地称孤道寡，接受群臣的朝拜。于是他穿上皇帝专用的赭黄袍，洋洋得意地对属下将领说："我像这样面南而坐，能做成皇帝吗？"

原来的沧州守将孙鹤这时已经在刘守光手下任职，这是个耿直又有谋略的人，他阻止道："现在大王不可称帝，因为西边有河东势力的威胁，北边有契丹虎视眈眈，他们都在等待时机出兵。假如他们以讨伐您称帝为借口联合起来进犯我们，虽然地势险要，兵马众多，但做事万一不谨慎，难免被他们趁虚而入。大王应该爱抚安顿将士和百姓，整顿军队，储存粮草财物，将我们的领地治理得井井有条之后，名声自然远扬，各地自然也会共同拥戴您，那时再称帝也不晚。现在轻举妄动，恐怕难以奏效。"一番话说得刘守光满脸的不高兴。

刘守光虽然没有称帝，但他依然短视，不会利用有利时机来扩充自己的势力，坐失良机。在镇州守将王镕被后梁军队围攻时，王镕向刘守光求救，刘守光却说王熔曾经背叛过他，不肯出兵，他觉得坐视他们厮杀，自己最后能得点渔翁之利，结果什么也没有得到。

后来，河东军队在柏乡重创后梁军，这时河东的大本营空虚，刘守光以为有机可乘，便要河东的李存勖推举他做北方的盟主。李存勖为了让他更加骄横，便联合其他的割据势力尊称他为尚书令和尚父。刘守光然后又得意地以此要职位，说他要代朱温收复河北地区，但他要任河北兵马都统。朱温比他要狡猾得多，为安抚他，便给了他一个河北采访使的官衔。

刘守光不知道这些官衔是什么意思，还以为他们已经答应自己做皇帝了呢，等后梁和河东的使者到了后，刘守光的手下官员便用唐朝太尉的礼仪来准备他的就职典礼。刘守光不解地问："这礼仪当中怎么没有改年号和行郊祀礼呢？"手下的人答道："那是天子继位时行的礼，您是尚父，但还是个大臣。"

刘守光火冒三丈，大叫："我当尚父，谁当皇帝?! 现在天下四分五裂，大的称帝小的称王，我大燕地有 2000 里，兵有 30 万，东面鱼米富饶，北面良马众多，我面南称帝，有何不可！你们马上准备，我要当北方皇帝！"然后他将后梁和河东的使者抓进牢房，又命人将斧子、铡刀等刑具搬出来，对众人说："听从的有赏，反对的杀！"

孙鹤这时又毫不畏惧地出来劝道："沧州一战，主上对臣有不杀之恩，但今天臣不能不劝止，否则对国家不利。"

刘守光大怒，命人将他按到铡刀上，让士卒割他的肉吃，孙鹤大喊："不出百日，敌兵就来啦！"刘守光气得让人将他的嘴堵住，然后残忍地将孙鹤乱刀砍死。孙鹤一死再没人敢反对他称帝了，于是刘守光自称大燕皇帝，做起了皇帝梦。

称帝不久，李存勖便发兵讨伐刘守光，派大将周德威领兵出战，联合镇州和定州兵夹击幽州。刘守光陷入孤立境地，后梁和契丹都不愿支援他这个朝秦暮楚的小人，他乞求周德威宽恕，周不许，他又拿出一千两银子和上千匹锦缎，请求退兵，还可怜地说："公是贤德之人，请救我于危难之中吧。等晋王亲自到阵前，我便献城投降。"

李存勖亲自来了，对城头上的刘守光说："朱温叛逆大唐，我本来和你一起谋划复兴唐朝江山，没想到你竟效仿朱温擅自称帝，真是狂妄至极。大丈夫一战决胜负，不知你意下如何？"

刘守光哭丧着脸说："今天我已经成了刀俎上的一块肉，听凭大王处置！"

李存勖见他这副可怜相，就断弓发誓，他如果投降，一定保他性命。但刘守光又听从了李小喜的话，不肯投降，请李存勖再等几天，而李小喜当天晚上却投降了李存勖。第二天李存勖便下令攻城，城破后，将刘仁恭和其他刘姓亲属300余人全部抓获。

刘守光和妻子趁乱逃出幽州，想南下沧州，却迷了路，在饿了几天后，实在没办法了，刘守光让妻子去讨点吃的，结果被认出来，又被抓回幽州，当时李存勖正在设宴招待群臣，刘守光痛哭流涕地求饶，李存勖在众人面前假意安抚道："往事就别说了，谁没有过错，改了就好。"

在押往太原的路上，刘守光被路人唾骂为"刘黑子"。

李存勖没有饶恕他们父子俩，因为父亲李克用临死前交代过他，要杀背信弃义的刘仁恭父子为他复仇。刘守光临死前丑态百出，先哭着说："臣死无恨，但是叫臣不投降的是李小喜，他这个罪人不死，臣死后也要向阎王爷告状去！"李存勖便将李小喜叫来，李小喜瞪着眼说："囚禁父亲，杀死兄长，吃其骨肉，这也是我教你的吗？"李存勖嫌李小喜对原来的主子无礼，将他也杀了。刘守光见李存勖不肯饶他，又绝望地大叫："王要复兴唐朝江山，成就霸业，臣善于率领骑兵作战，为何不留臣驱使为大王效力呢！"

刘守光的妻子祝氏和李氏见丈夫如此没有气节，骂道："陛下，事到如今，求生干什么？"便引颈就死。而刘守光仍然哀诉求饶，结果还是身首异处，刘仁恭被押到雁门祭了李克用的陵墓后处死。

第四章

十国并立，混战不已

　　自五代以来，中国陷入了一个大分裂的时代，军阀混战不休，社会凋敝，民不聊生。除了后梁、后唐、后晋、后汉、后周等正统王朝的更迭外，更有数十多个参差并存的独立王国和割据政权。正是这段混乱不堪的破坏时期，使宋王朝的建立加快了脚步。

宽仁爱民，杨行密奠吴基

杨行密，字化源，原名行愍，庐州合肥（今安徽合肥）人。他小时候就成了孤儿，因此性格内向，喜欢独处。成年后的杨行密力气很大，据说可以轻而易举地举起 100 斤重的东西，日行 300 里。唐朝末年，全国各地农民起义不断，杨行密为了生存也参加了江淮的起义，后来被抓。一般情况下不是处死就是入狱，但刺史却被他的英雄气打动，在路上放了他。

后来，杨行密在州里募兵的时候参加了本地的军队，由于他力气大，胆子也大，在和秦宗权的战斗中经常立功，所以很快就升为队长，不久又被派到朔方（今宁夏灵武西南）守边服役。一年后期满回来，谁料他的上司不喜欢他，又让他到边疆戍守，军吏假装好言劝说，还问他需要什么，杨行密大声呵斥道："就少你的脑袋！"说完，军吏的人头应声落地。杨行密杀了军吏，然后召集了 100 来号人发动兵变，自称"八营都知兵马使"，当地的刺史郎幼复吓得落荒而逃，杨行密就趁势接收了城内的军队，占领了庐州。后来，唐朝廷承认了既成事实，任命他为庐州刺史。

此后，杨行密参与了江淮地区诸雄之间的斗争，当时淮南的中心不是庐州而是扬州（今江苏扬州东北），扬州则在唐末名将高骈控制之下。日子一长高骈就变得非常昏庸，迷信神鬼，不再专心政治。他的一员属将毕师铎不满他的所作所为，就起兵反叛，联合另一个地方的将领来攻打扬州，高骈派人向杨行密求救，未等杨行密赶到，高骈已经被毕师铎俘虏了。

　　杨行密领兵和毕师铎展开了拉锯战，在这次交锋中，杨行密显露出了过人的智谋。为诱敌出战，杨行密先命人堆积金帛做成一营，派一些老弱的军士去守卫，但在周围却埋伏了两层伏兵。然后，杨行密就自己领兵千人去挑战，一交手就佯装不敌，弃营而走，敌兵饥渴难忍，见杨行密领兵败走，就进大营抢夺财物，结果中了埋伏，被杀得大败而归。毕师铎一人回到了城中，一气之下杀了高骈。杨行密得知后，命令全军将士为高骈穿孝，自己向着城内的方向大哭了三天，士兵们被杨行密哭得怒气满胸。然后杨行密下令攻城，哀兵必胜，将士们一战攻下扬州城，毕师铎夺路而逃。

　　进城后，城内惨状让人不忍再看，人们饿得将草根都吃完了，有的竟用泥做饼来吃，饿死了一多半。更令人发指的是，人也被买卖后宰杀出售，父亲卖儿子，丈夫卖妻子，屠夫将刚买来的人像杀牲畜一样杀掉，然后再分割成小块卖。杨行密下令用军粮救济百姓，但也无法满足百姓的需求。占领扬州后，杨行密派遣使者到了汴州（今河南开封），向兼任淮南节度使的朱温递上了归降书。朱温也很狡猾，表面上答应了杨行密的请求，但暗中却又另派将领去任淮南留后，接管扬州，杨行密发觉了朱温的阴谋，就派兵把来将赶走了。朱温无力讨伐，只好让杨行密担任了淮南留后的职务，但双方的关系已经出现了严重的裂痕。

　　扬州城一无粮草，二无外援，杨行密就想放弃扬州，到其他地方寻求发展，未及行动，大兵就压了过来。秦宗权的部下孙儒杀死了投奔他的毕师铎，吞并了他的军队，然后发兵围攻扬州，想一举消灭杨行密，将扬州也收归己有。

　　由于寡不敌众，杨行密只好采纳谋士袁袭的建议，放弃扬州，先退守庐州，然后再袭击宣州（今安徽宣城），谋求发展。杨行密依计行事，到庐州后便改变了发展战略，先将守备空虚的宣州攻克，然后趁势向东、南、西三个方向发展，占领了苏州、常州、楚州（今江苏淮安）等地，势力急剧扩大，领地包括了现在的江苏、浙江和江西、湖北等省的部分地区。

　　杨行密的发展，使占有扬州的孙儒受到三面包围。孙儒守不下去了，就残忍地放火毁城，又将城中老弱病残的百姓杀了，当作军粮，然后驱使其他人杀向宣州，军队号称 50 万。

　　由于敌众我寡，杨行密的部将几次战败，杨行密又觉得没有办法守了，想弃城向西撤退。谋士戴友规出来劝阻说："孙儒现在士气旺盛，而且兵多将广。不过，他们的锋芒虽然不可挡但可以挫掉，人多势众不可战胜但可以拖垮他们。如果我们真的弃城而走，就很可能被他们追上擒获。"

　　属将刘威也不同意撤退，他主张全力固守，依靠城池修建坚固的营寨抗敌，用持久对抗的方式来消耗孙儒，这样既能休整部队，又能瓦解敌人的斗志，耗尽敌人的粮草。

　　杨行密听从了属将们的建议，不再撤退，就地坚守。时间一长，孙儒果然粮食开始短缺，而且军中又发生了严重的瘟疫，部队战斗力急剧下降，连孙儒自己也得了病卧床不起。杨行密见时机来临，就大举反攻，一战击溃孙儒，还将他活捉。孙儒被杨行密当众斩首，但对孙儒的部下，杨行密并没有滥杀，他在孙儒的军队中精选了 5000 名强壮的士兵，组成了自己的亲军，这支亲军的铠甲都用黑衣包裹，所以又号称"黑云都"，待遇优厚，在后来成了杨行密作战时冲锋陷阵的主力。

　　孙儒一灭，杨行密又顺利地开进了扬州城，唐朝廷任命杨行密为淮南节度使。

　　此后，杨行密又出兵扩大地盘，将淮河以南和长江以东的大片领土都纳入了自己的势力范围，为后来吴国的疆土基本上定了型。

　　在四处和军阀的争战中，杨行密胜多败少，特别是在朱瑾和李承嗣投奔来了以后，战斗力更是大增。李承嗣在朱温攻打朱瑾的时候被李克用派出相救，但被朱温击溃，回河东的退路也被朱温截断，只好和朱瑾南下投奔了杨行密，他们的骑兵战斗力很强，他的到来使杨行密的军队实力陡然增加了许多。杨行密于是就四处用兵，扩张势力。西边鄂州（今湖北武汉）一带的杜洪和东边两浙一带的钱镠都受到了杨行密的压力，纷纷向朱温求救，朱温便派朱友恭率领步骑兵上万人南征。杨行密命大将瞿章先固守黄州（今湖北黄冈），等到朱友恭到的时候就南撤，再坚守武昌寨（今湖北武汉），以静制动，消耗敌军。同时，杨行密另派属将领精锐5000支援瞿章，但最后却被朱友恭击败，瞿章和3000士兵被俘。不久，朱温又派名将葛从周和庞师古分别领兵大举南下。这次杨行密亲自领兵迎战，他先集中自己的精锐主力攻击东边的庞师古，掘开了河堤用水大淹庞师古的军队，同时命令朱瑾领兵袭击庞师古，汴军结果损失惨重，大败而归，庞师古死于战场之上。葛从周得知庞师古阵亡的消息，赶忙领兵撤退，半路上又遭到伏击，最终率领残兵败将退了回去。

此后，东边的钱镠又派兵攻打杨行密的苏州，结果杨行密的属将周本作战失利，丢失了苏州。杨行密经过充分准备，又派李神福进攻钱镠，在临安（今浙江临安北）大败钱镠军队，还活捉了大将顾全武。

经过长期的混战，杨行密在江淮一带扎下根来，虽然四处都是敌手，但经过交手，彼此的边界都基本稳定下来，连朱温这样的强敌杨行密都能战胜，其他人就更不敢轻举妄动了。

唐朝末年，皇帝已经没有控制地方军阀的力量了，各地的混战不断。谁有力量有能力将一个地方控制在自己的手中，唐朝的皇帝便任命他为当地的军政长官，借此安定一方。这样省力，但这也等于鼓励其他人发动兵变夺取军权，因为朝廷极少发兵讨伐，而是承认既成事实，发一道诏书任命了事。杨行密在牢固地占领了江淮地区后，唐朝廷又晋封官爵，封他为吴王，杨行密由此名正言顺地当起了地方的自在王。在封建社会，对于人名的避讳非常重视，特别是皇帝和官吏的名字，那句成语"只许州官放火，不许百姓点灯"就是很典型的例子，杨行密也不例外，他的名字在江淮一带也要避讳，当地的"荇（音行）溪"要改称"菱（音玲）溪"，还有平时人们吃的较多的"蜜"也要改称"蜂糖"，因为和杨行密的名字同音。

朱温打了败仗以后，不再南下，而是向东进攻青州（今山东益都）的王师范，王师范急忙向杨行密求救，杨行密便派大将王茂章领兵出

征。王茂章将朱温的军队杀得大败，还将朱温的儿子朱友宁斩杀于战场。朱温异常恼怒，亲自率军讨伐，要替儿子报仇，结果又被王茂章击败。这一仗，使得朱温再不敢向江淮轻易用兵。

局势的稳定，为杨行密在江淮地区的治理创造了良好的环境。杨行密因为小时候就了解民间疾苦，所以在治理江淮时非常注意维护百姓的利益。在击败孙儒后，他便在淮南召集逃亡的百姓，分给田地，让他们耕种，收的租赋也很轻，百姓们从此安居乐业，这对江淮的发展起到了推动作用。对于属下的将士，杨行密也很宽容，和属下的关系非常好。杨行密对于骑射并不擅长，但他很有谋略，而且与将士们能同甘共苦，推心置腹，从而赢得了众人的爱戴。杨行密平时很节俭，经常将早些时候穿的有补丁的衣服套在里面，说是不敢忘本，就是赏赐将士时也没有大手大脚地奢侈浪费。刚到淮南时，他赏赐给将士的东西不过是几尺布帛，几百缗钱，不是公宴绝不奏乐。杨行密与其辅臣上下一心地经营江淮，最后终于占有了一块广大富庶的领地，同时也为百姓创造了一片安居乐业的地方。

杨行密为了保境安民，与钱镠通婚，将女儿嫁给了钱镠的儿子，从此两方罢兵，和平相处。在这之前，双方不仅交战，而且互相攻击，杨行密让人用大的绳索做钱贯，称之为"穿钱眼"。钱镠也不示弱，每年让人用斧子砍柳树，叫作"斫杨头"，因为杨柳是柳树的泛称。

杨行密的度量很大，所以对待将士和身边的人非常宽容。他经常早出，不知哪个随从在跟他早出时将兜马屁股的带子割断，偷走了上面镶嵌的金子，杨行密知而不问，第二天，还像以前那样早出，大家都很佩服他的度量。有人反叛，将杨行密的祖坟给毁掉了，这在封建社会是奇耻大辱，等叛将被击败后，有人就提出将叛将的祖坟也给他毁掉，报先前之仇，杨行密叹道："他以此作恶，我怎么能再和他一样做这种恶事呢？"杨行密有个非常信赖的亲从张洪，杨行密经常让他背剑随行，有一次张洪竟用剑行刺，但没有击中杨行密，张洪被其他侍从杀死，杨行密又让和张洪关系极好的陈绍贞背剑随行，一点也不猜疑他。

杨行密死时只有 54 岁，以后他的次子杨隆演建立吴国，杨溥称帝，将杨氏的江淮政权又延续了 30 多年，最后被南唐所取代。

仁义之君，南唐烈祖李昪

李昪，徐州（今江苏徐州）人，字正伦，小名彭奴，其父亲本姓潘，名荣，是一个虔诚的佛教信徒。6 岁时李昪的父亲就在战乱中去世了，他随母亲跟着伯父一起到了淮南。不久，母亲也不幸去世，成了孤儿的李昪只好到寺庙里勉强维生。后来杨行密派兵支援山东的王师范，攻打濠州（今安徽凤阳）时得到了他，杨行密见他聪明机灵，长得也很招人喜爱，于是就想将他收为养子，但亲生儿子们极力反对，杨行密无奈只好把他给了属将徐温，李昪就做了徐温的养子，改名为徐知诰。

杨行密去世后，徐温逐渐排除对手掌握了军政大权，拥立杨隆演建立了吴国，以后又主持为杨溥谋划称帝，因而成为吴国的第一大臣。他让自己的长子徐知训驻守扬州（今江苏扬州东北），自己则坐镇润州（今江苏镇江），隔江控制朝中大权。

徐知诰长大后，不但相貌出众，而且胆略过人，他为人厚道，待人诚恳，人缘也很好，威望高过徐温的其他儿子们。徐温的长子徐知训对他异常嫉恨，好几次想加害于他，但都因为徐知诰人缘好而化险为夷。

徐温让徐知诰做楼船军使，率领水军驻守在金陵（今江苏南京），后随军出征立下战功，被升为升州（今南京）刺史。当时江淮一带刚刚平定，各地的官员都是一些武将出身的人，他们不知爱民，关心百

姓疾苦，只知道横征暴敛，搜刮钱财。而徐知诰却与众不同，他一上任就改变了武将们的那种做法，勤于政事，做事力求节俭，还广交儒生，实施宽仁政治，大大减轻了百姓们的负担。因而时间不长，徐知诰爱民的名声就传遍了吴国，威望也因此大涨。

他的养父徐温听到后，就亲自来查看。徐知诰管辖的升州和过去大变了样，府库充实，城墙修得高大坚固，城内也治理得井井有条，一派太平盛世的景象。徐温看后非常高兴，于是就坐享了这个养子的功绩：他让徐知诰到他坐镇的润州去治理，自己则搬到了升州，同时又将升州升格为金陵府。

徐知诰开始不愿意去，向养父提出要去宣州（今安徽宣州），说了好几次，徐温都没有答应他，徐知诰因而整天闷闷不乐。他的谋士宋齐丘见他这样，便极力劝说他，说还是去润州为好："徐知训傲慢而又昏庸，难成大事，而且他又对老臣旧将横加侮辱，我看他将来必定要出事，而且时间不会太长，您如果去了宣州，因为离那里很远，有事时无法及时应付，而润州离扬州只有一水之隔，用不了一个晚上就可以安定大事。您现在反而要舍弃这种有大好处的地方去宣州，到那里枉度岁月，无聊得很啊！"

徐知诰听了，恍然大悟，于是他马上出发到润州上任去了。宋齐丘分析得果然非常准确，不久，徐知训就出了事。他因为对属下极度欺凌，惹恼了大将朱瑾，朱瑾就寻机将他杀死了。扬州顿时大乱，徐知诰隔着长江见对岸火光闪烁，马上召集部下渡江过去，进城之后，很快就平定了朱瑾的叛乱。

徐温得知扬州出事，赶忙领兵过来查看，见徐知诰已经平息了叛乱，稳定了局势，非常高兴，夸奖徐知诰说："这次幸亏你在润州，离得近，否则我家大势已去。兄弟当中，你是有大功的！"然后，徐温便让徐知诰代替徐知训治理扬州。

徐知诰执政后，像他在升州时一样施惠政于民，收拢民心。他完全改变了徐知训的那种盛气凌人的狂妄做法，对待吏民都很和蔼，还废除了一些严酷的刑法，实行仁政。为减轻百姓负担，他又下令免去一些不合理的税收。此外鼓励百姓积极生产，为百姓创造良好的条件。奴婢的买卖也被他严令禁止，就是百姓家里有了什么婚丧之事，他也遍施恩惠，有困难的家庭也能及时得到他的救济。为了更好地治理当地政务，徐知诰又广泛收拢有才干的文人，而且加以重用。为此他还专门建造了一个延宾亭来接待四方的有识之士，像骆知祥、宋齐丘等人就成了他的心腹谋士。此外，他还注意打听一些流落到他辖境内的士人，把他们请来委以重任，即使没有什么大的才能他也给个职务录用。

徐知诰关心民间疾苦，并不只是做个样子，而是身体力行。有一次，徐知诰在盛夏酷暑时外出，他不用伞也不拿扇子，随从们看他热得直流汗，便要撑开伞盖，徐知诰婉言拒绝说："士卒都暴露在骄阳下，我怎么能用这东西呢？"徐知诰凭着他爱民如子的作为赢得了当地百姓和将士的深深爱戴。虽然当时掌握大权的是徐温，但大部分的民心已经倾向于徐知诰。

徐温病死在金陵时，徐知诰马上行动起来，他一方面以最快的速度将金陵接管过来，另一方面派兵阻止徐温亲生儿子徐知询来继承徐温之位。徐知诰代替了徐温的权臣职位，最后将杨溥推上了皇帝的宝座，自己掌握朝中实权。他也效仿原来徐温的做法，自己到金陵，让儿子徐景通驻守扬州。杨溥封徐知诰为东海郡王。

徐知诰的愿望比他的养父徐温要大得多，他不想总当第一大臣，他想的是皇位，但他又不好明说，就在一次照镜子时对身边的心腹周宗说："我的功业已经完成了，可是我也老了。唉，这该怎么办呢？"

周宗早就看出了徐知诰的心思，但主人不说他也不便挑明。见徐知诰这样说，就明白了。于是，他就去联合其他人，一起活动起来。大家轮流劝徐知诰继位称帝，最后，徐知诰推辞谦让了一番，终于答应了。

天祚三年（937），杨溥被迫让位，徐知诰正式称帝，建国号大齐，以金陵为都城。称帝建国后，徐知诰觉得姓徐不太好了，就在两年之后改为李姓，更名为李昇，自称为唐玄宗之孙，所以他又将国号改为

唐，为与唐朝和后唐区别，史称为南唐。大凡皇帝都有一些神灵之类的故事，而这些故事又常以民谣的形式传播。在徐知诰称帝前后，江南就有一句童谣"东海鲤鱼飞上天"。等徐知诰当了皇帝，就有人出来解说这个民谣，东海指的是徐氏的封爵之名，即东海王，鲤鱼指李昇，以此证明李昇的称帝是有神灵启示的。在封建社会，即使是很有威望的人为了争取其他人的拥戴，也想借助这种大家都相信的民谣来为自己制造有利的舆论，特别是小孩子唱的童谣，更是觉得童言无欺，容易让大家相信，所以就编了朗朗上口的民谣让儿童传唱，以后再行动的时候百姓就以为是天意，接受得也就非常容易了。

　　登上了帝位，李昇没有像其他的皇帝那样变得昏庸起来，而是继续施仁政，尽量为百姓谋福利。为了政权的长期稳定，也为了百姓长久地享受太平，李昇制定了一个根本的国策长期奉行，这就是保境安民。因为他知道自己的力量和中原的势力相比还有差距，所以制定了这个总的治国方针，对外边的政权他尽力与之和好，万不得已时才北伐抗击中原势力，向南开拓疆土。有一次，因为江淮连年丰收，群臣都要求趁北方混乱之机北伐，恢复唐朝原来的疆土。李昇说："我从小在军旅中长大，经常见到战乱给百姓带来的严重危害，能使百姓安定，我也就放心了，其他还要奢求什么？"

　　对于东边的吴越国，李昇继承了杨行密的做法，与之和平相处。有一年，吴越国发生了特大的火灾，宫室和府库都被烧得异常惨重，兵器铠甲几乎被烧尽了。这时，大臣们又提出趁此千载难逢的良机发兵，一举灭掉吴越。李昇不但没有答应，反而派人到吴越去慰问，此后又送去大量物资救济，从此两国尽消恩怨，长期地友好相处起来。

　　吴国在杨行密的时候就和江淮互相敌视，李昇见当时天下长期战乱不止，厌恶用兵扰民，祸乱百姓，因此在称帝之前就和吴越钱氏政权开始修好，把俘虏的吴越将士全部归还，而钱氏也以桃报李，将俘虏的吴国的将士礼送回来，两方面的关系有了根本性的转折。

　　李昇不喜欢用兵，但他的大臣中却有不少喜欢谈论战争的人，尤其是冯延巳，经常发表一些主张用兵的长篇大论，还狂妄地对李昇说：

"田舍翁怎么能成大事呢！"但李昪也不生气，一心坚守自己的领地，不再想扩充领土之事。这样百姓就得到好处，一是太平，二是赋税较轻，因为没有战争的巨大消耗与需求。

李昪值得称赞的要数他的节俭了，称帝后他也没有改变这种良好的习惯，穿的鞋是草编的，洗脸用具也是铁制品，没有什么金盆银盆。暑热天气时就睡在用青葛布做的帷帐里，左右听候使唤的只有一些老而丑的宫人，她们穿的衣服也是粗布做的，至于绫罗绸缎极少见到。李昪还勤于政事，有时日夜连续地批阅奏章，设宴奏乐之类享乐的事也很少做，为大臣们做出了表率。但对于为国牺牲的人他毫不吝啬，一般都给家属三年的俸禄。对于农田的赋税也尽量公平，他派使者到各地去调查记录各户农田的肥瘠，然后分出等级纳税，百姓纷纷称其公允。从此江淮一带调兵和摊派赋役时就以土地的肥瘠为标准，杜绝了官吏的层层盘剥，从根本上减轻了百姓负担。

李昪之所以采取保境安民的方针，并非只是厌恶用兵祸乱百姓一条原因，他在一次和大臣讨论政事时透露了他的另一个更深层的原因。当时宋齐丘和冯延巳都说应当出兵吞并楚、吴越和闽国，李昪则说："吴越的钱氏父子总是奉事中原政权，发兵攻打，弄不好要招来中原军队。闽国地方山险而地贫瘠，即使发兵攻打也要半年以上才能结束战争。就是占领了恐怕也是得到的少损失的大，而且当地人好作乱不好治理。要出兵只有楚国的马氏政权可以作为对象，也能轻易夺取，因为他不施仁政，枉法乱国。总之，就像孟子说的那样，燕人取齐，恐怕惊动四邻。就算是得到了尺寸之地却得到了天下皆知的恶名，我不想落得这么个结果。"

因为有了李昪的保境安民的政策，加上治理有方，南唐最终成为十国中经济和文化最先进的地区，李昪也因此成为十国当中最杰出的政治家，他对江淮一带经济的发展做出了重要贡献。

肉袒出降，千古词帝李煜

李煜 (937—978)，字重光，初名重嘉，是南唐中主李璟的第六个儿子。李璟有六子，按说还轮不到第六个儿子李煜来继位的，因前面的五个儿子相继死了，所以最终还是由李煜来继位。

李煜天资聪颖，从小就文采出众，长相也很奇特，据说是丰额骈齿，一目重瞳，颇有富贵之相、天子之表。"重瞳"就是指一只眼睛有两个瞳仁，所以他的字叫作"重光"。历史上同样以重瞳出名的人物还有大舜，因此李煜这个"帝王之相"曾经被他的哥哥们猜忌过。但事实上，他既没有具备当皇帝的起码素质，心底里也根本不想当皇帝。李煜本来天性淡薄，对争权夺势毫无兴趣。得知哥哥弘冀对他十分猜忌，就干脆不过问任何政事，一心沉醉于诗文书画，每日里诵经参禅，还受了三归五戒，给自己取了个"钟山隐士"的别号。

当初，他的父亲李璟本来打算传位给自己的弟弟景遂，但他的长子弘冀，却是天性忌刻之人，得知父亲有意传位给叔父后，竟派人用毒药将景遂毒死，于是李璟只好立他为皇太子。谁知人算不如天算，弘冀在被立为太子后的一个月也得急病死了，而李煜的几个兄长又都相继死去，这样，皇位继承人选就落到了李煜身上。

他不曾料到会当皇帝，也不想当皇帝，但偏偏又当上了皇帝，既当了皇帝却又不懂得玩政治，只会吟诗作词，玩弄风月。《诗薮杂编》说他"后主目重瞳子，乐府为宋人一代开山"，《艺苑言》也说他"后主直是词手"。也就是说，他是词坛高手、词林宗师。这恰是君王的"短处"，也正是他作词人的"长处"。所以有人为之叹息说：作个词人真绝代，可怜命薄作君王。

李煜擅长填词，也迷恋于笙歌艳舞，他曾自称是"浅斟低唱、偎红倚翠大师，鸳鸯寺主"，可见其风流。李煜有不少嫔妃，但是，他最爱的人，却是自己的皇后周氏姐妹。

大周后是南唐功臣大司徒周宗的女儿，名叫娥皇。在李煜18岁那年嫁给了他。她是一个美人，南唐史书都说她"有国色"，李煜在后来悼念她的文章里也说她"纤秾挺秀，婉娈开扬"。但她并不满足于自己的天生丽质，还独创了"高髻纤裳""首翘鬓朵"等妆容，尽显自己的绝世美色与曼妙身姿。此外，她多才多艺，所有闲情雅致的东西无所不精，又"通书史，善音律，尤工琵琶"。她曾在中主李璟的生日宴席上弹奏琵琶，李璟对她的技艺十分称赏，便将一把珍贵的"烧槽"琵琶赠送给她。大周后和李煜才子佳人，情趣相投，日日厮守在一起宴乐歌舞，可谓夫唱妇随了。一次冬日饮宴，酒到半酣的大周后举杯邀李煜起舞，李煜便开玩笑，要她先给自己新谱一曲才可以。大周后并不推辞，顷刻而成《邀醉舞破》《恨来迟曲》。如此即兴作曲，若不是具有相当深厚的音律知识和音乐禀赋，是很难做到的。大周后还修复了著名的《霓裳羽衣曲》，《霓裳羽衣曲》原是从西凉传入的法曲，经过唐玄宗李隆基的润色，成为规模盛大、气势宏伟的大型舞曲。安史之乱之后，《霓裳羽衣曲》失传，到五代十国时只保存了残破不全的曲谱。李煜得到残谱后，大周后和他一起"变易讹谬，去繁定缺"，使旧曲新生，"繁手新音，清越可听"。对于两人温柔缱绻的爱情生活，李煜也有很多词来描绘，如《一斛珠》："晓妆初过，沉檀轻注些儿个。向人微露丁香颗，一曲清歌，暂引樱桃破。罗袖裛残殷色可，杯深旋被香醪涴。绣床斜凭娇无那，烂嚼红茸，笑向檀郎唾。"

大周后的活泼娇憨，李煜的深情欣赏，都由此可见了。还有一首《后庭花破子》："玉树后庭前，瑶草妆镜边。去年花不老，今年月又圆。莫教偏，和月和花，天教长少年。"

"天教长少年"，李煜衷心地希望自己和大周后能白头偕老，岁岁长圆。然而正如古诗所说"大凡好物不坚牢，彩云易散琉璃脆"，他和

大周后神仙眷属一样的日子，只有短短的10年。

　　这似乎是有征兆的，当年大周后修订《霓裳羽衣舞》的曲子时，就有人说法曲的结尾应该缓慢而此曲却改为急促，恐怕不是什么好兆头。果然，大周后不久就得了重病。就在这时候，她和李煜最钟爱的小儿子，4岁的仲宣也得急病死去了。大周后知道了这个消息，十分伤心，病得更加厉害了。李煜朝夕相伴左右，所有的饮食他都要亲自照顾，汤药也一定要亲口尝过才喂给妻子。寒冷的冬夜里他夜复一夜地守护在妻子身边，倦极也只是和衣而卧，衣不解带，但这一切都不能挽救大周后的生命。大周后把烧槽琵琶和自己臂上一直佩戴的玉环留给李煜作纪念，又亲自写了要求薄葬的遗书。大周后于乾德二年（964）的十二月去世，时年29岁，谥"昭惠"，下葬懿陵。

　　李煜才丧爱子，又失娇妻，自是悲痛万分。在大周后的葬礼上，他已经变得形销骨立，只能拄着拐杖才能行走了。他为大周后写下长篇的诔文，言辞哀戚动人，结尾署名"鳏夫煜"。即使过了很多年，他对她也不能忘怀，还屡屡作诗作词怀念。

　　但是，在李煜与大周后这段完美的情缘之间，却也有一段不和谐的音调。

　　大周后病重的时候，她的妹妹前往宫中探视，她和姐姐一样，也是个美人，此时正值豆蔻年华，娇艳可人。李煜一见，不由得动起心来，于是两人堕入了爱河。为了避免刺激病中的大周后，他们只能偷偷地相见，李煜曾有《菩萨蛮》一词，描绘了相见的情形：

　　花明月暗笼轻雾，今宵好向郎边去。

　　刬袜步香阶，手提金缕鞋。

　　画堂南畔见，一向偎人颤。

　　奴为出来难，教君恣意怜。

　　但天下没有不透风的墙，大周后还是知道了这件事情。妹妹去探望她，她随口问她来了多久，天真的妹妹就说自己已经来了好几天了，大周后马上明白了一切，据说她当下就翻身向内，不再说话，至死都没再转过身来。于是李煜在皇后葬礼上的伤心过度，也就被解释为是有意掩饰自己对妻子的不忠的虚伪表演。可是，事情也许并没有这么简单，李煜是一个多情的人，对于大周后和她的妹妹，他是应该同样深爱着的。至于说他怕别人讥笑自己不忠于妻所以故意折腾得形容憔悴来见大家，未免就太匪夷所思了。做君主的人太迷恋女色，一向被认为是"昏君"的表现，正是大臣们进谏的好题目，他又何必如此劳心费力地表演呢。

大周后死后，李煜就打算把她的妹妹立为国后，但他的母亲钟太后不久去世，按照礼节，他应该守孝三年，于是这立后大典只好拖到了开宝二年 (968)，这是南唐立国以来第一次，也是最后一次举行了在位君主娶后的典礼。这种独一无二的地位，使此次典礼受到了无比的重视。李煜命太常博士陈致雍考证婚礼古今沿革，制定条文，又命学士徐铉、史官潘佑参定，务必隆重热烈。亲迎之日，鼓乐喧天，金陵城内万人空巷，争相观看，甚至有的人为了抢占有利位置，爬到屋顶上摔了下来，真是盛况空前，煞是热闹。大周后的妹妹做了李煜的第二任皇后，史称小周后，时年 19 岁，正是她姐姐嫁给李煜的年纪。

婚礼举行的第二天，李煜大宴群臣。照惯例，赴宴的群臣自韩熙载以下，都要写诗贺喜。然而大家都知道自大周后死后，如今这位新国后就已经长住宫内了，昨天那场隆重的大婚礼，其实不过是走走过场，一对新人，正是旧交。于是众人写出来的贺诗就怪腔怪调的，与其说是恭贺，还不如说是讽刺。对于群臣的态度，李煜倒也不动气，一笑了之。

婚后，李煜对小周后更是宠爱非常。这位小周后史载"警敏有才思，神采端静"，可见在才华相貌上也不亚于姐姐。李煜曾经在百花之中做亭子，用红罗做帷幕，拿玳瑁签别起来，精雕细镂，十分华丽，却很狭小，仅仅能容纳两个人。他就和小周后一起在里面饮酒作乐，享受他们的二人世界，其乐融融。小周后喜欢青碧色的衣服，嫌外间所染的碧色不纯正，便令宫女亲自动手染绢帛。有一次把绢晒在苑内，夜间忘了收取，被露水所沾湿。第二天一看，颜色却分外鲜明，李煜

与小周后见了，都觉得挺好。此后妃嫔宫女，都以露水染碧为衣，号为"天水碧"。小周后还喜欢下棋，李煜就经常陪她下棋，为此还被大臣劝谏过，不过他的态度仍然是毫不动怒，最后那个大臣也只好没了脾气。

然而李煜可能不会想到，他和小周后的甜蜜生活，维持的时间更短。后人从小周后喜欢穿的"天水碧"看出了不祥之兆："天水"是赵姓的郡望，"碧"与"逼"谐音，乃是逼迫之意。一直对南唐虎视眈眈的赵宋，是不会让李煜长期享受他的惬意日子的。

李煜只图歌舞酣宴，却不知赵匡胤已出兵平了南汉，正调遣，训练水师，预备荡平江南。李煜听说南汉灭亡的消息，震恐异常，便上表宋廷，愿去国号，改为南唐国主。赵匡胤遂命李煜入朝，李煜推说有疾，不肯入朝。赵匡胤便借口说李煜违逆，心怀异志，命曹彬领兵十万，即日南下攻取南唐。南唐的边将毫无防备，皆弃城遁去。宋军战无不胜，攻无不克。李煜在宫内召集僧道，诵经烧香，祷告神灵保佑，亲自写疏祀告皇天，立愿宋师退后造佛像若干，自称莲峰居士，敬告上苍，速退宋师。然而神佛最终只能带来精神上的安慰，最后李煜无计可施，只得命徐铉驰赴汴京，面见赵匡胤，哀求罢兵。徐铉说尽千般好话，赵匡胤无奈，只好调侃道："卧榻之旁，岂能任他人酣睡。"李煜知道已是山穷水尽，只得率领臣僚，到军前投降，曹彬将李煜一行押往汴京。

赵匡胤封李煜为违命侯，并封小周后为郑国夫人。赵匡胤去世后，他弟弟赵光义即位。又加封李煜为陇西郡公，与小周后在赐第内居住。太平兴国三年的元宵佳节，各命妇循例应入宫恭贺，小周后也照例到宫内去庆贺。不料小周后自元宵入宫，过了数日，还不见回来，李煜急得在家中唉声叹气，走来踱去。一直至正月将尽，小周后才从宫中乘轿而归。

李煜连忙迎入房中，赔着笑脸，问她因何今日方才出宫？她却一声不响，只将身体倒在床上，掩面痛哭。李煜悄悄地向小周后细问情由，小周后仍是泣不可抑，指着李煜骂："你当初只图快乐，不知求治，以致国亡家破，做了降虏，使我受此羞辱，你还要问什么？"李煜低头忍受，宛转避去，一言也不敢出口。原来那日进宫，朝贺太宗，太宗见小周后生得花容月貌，便把她留在宫内，逼着她侍宴侍寝。小周后哪敢违抗，无可奈何顺从了太宗，所以从元宵佳节进宫，至正月将尽，方才放她出来。李煜长叹一声，仰天流泪。

宋太宗自逼幸了周氏，不愿放她回去，只是恐怕留在宫中，要被臣下议论，所以暂时忍耐，任凭周氏重归私第，以图再谋良策。

又到了一年的七月七日，李煜回忆在以前的歌舞欢饮，现在孤零零的夫妻二人，闲居在赐第里面，连服侍的宫女，也只剩了两三个人；其余心爱的嫔妃，死的死，去的去，一个也不在眼前，便又触动愁肠，胸中的悲感，一齐倾泻出来，填了一阕《虞美人》："春花秋月何时了，往事知多少，小楼昨夜又东风，故国不堪回首月明中。雕栏玉砌应犹在，只是朱颜改。问君能有几多愁？恰似一江春水向东流。"小周后忽从里面走出，向李煜说："你又在这里愁思悲吟了，现在虽然背时失势，也须略略点缀，不可如此悲怨！况且隔墙有耳，你不过怀思感旧。外人听了，便疑是缺望怨恨了。"

后来太宗看了李煜的词，勃然变色道："他还不忘江南，若不将他除去，必为后患。"便命内侍，取了一瓶牵机药酒，太宗亲手加封，命内侍传送李煜。内侍即将金杯斟酒送上，看李煜饮罢，谢过圣恩，方才回去复旨。那李煜饮了御酒，初时并不觉得怎样，还和小周后饮酒谈笑。不料到了夜间，忽从床上跃起，大叫了一声，手脚忽蜷忽曲，头或俯或仰，好似牵机一般，不能停止。小周后吓得魂飞魄散，双手抱住了李煜，问他何处难受。李煜口不能言，只把头俯仰不休，如此的样子约有数十次，忽然面色一变，倒在床上，已是气息全无了。

太宗佯装刚刚知道李煜亡故，下诏追赠李煜为太师，封吴王，并废朝三日，遣中使护丧，赐祭赐葬，恩礼极为隆重。小周后葬了李煜，自然也要入宫谢恩，太宗便借机把周氏留在了宫里。李煜一直不知家国为何物，被擒至汴京后所做的词中，才不合时宜地有了一些家国之

感，却因此换来了"牵机毒药"。作为一个文学家李煜是出类拔萃的，但作为一个国君就显得荒谬了。

称霸两川，王建成都称帝

　　王建，许州（今河南舞阳）人，字光图。年轻时是个无赖之徒，杀牛、偷驴、贩卖私盐，在百姓眼里是个不务正业的人，大家都很讨厌他，正巧他姓王，又排行第八，所以乡里人给他起了一个不好听的外号：贼王八。虽然名声极坏，但王建的相貌却很出众，人也很强壮，在战乱时期，他也和其他人一样投军去了，他先参加了本地的忠武军，等秦宗权重金招募勇士的时候他又投奔了秦宗权，不久就升为队长。

　　黄巢攻占长安后，唐僖宗被迫出逃，到了蜀地，秦宗权开始让监军杨复光率领鹿晏弘等将领一起镇压黄巢起义军，击溃黄巢后，杨复光将所率8000千军队分成八都，每都1000人，王建和鹿晏弘都被任命为都将。杨复光死后，鹿晏弘就率领八都人马到成都护驾。后来，王建和鹿晏弘发生了矛盾，鹿晏弘就领一部分军队向东发展去了，王建比他有点远见，他和晋晖、韩建等人领兵直接去投靠唐僖宗。正愁无人救驾的皇帝大喜过望，先重赏了他们，然后又将他们率领的军队分为五都，赐号"随军五都"，让他们归最高统帅观军容使田令孜指挥。田令孜是个掌握重权的宦官，他为了扩充自己的势力，就将王建他们五人全部收为养子。

　　等长安收复后，唐僖宗又回到了故都，王建等人因为护驾有功，被任命为禁军的将领，负责宫廷的护卫。当初投奔唐僖宗这一步算是走对了，王建在皇帝身边积累了很丰富的军事和政治经验。安定的日子并没有太长，田令孜因为和河中节度使王重荣争夺盐利，王重荣便联合河东兵进攻长安，唐僖宗只得再次出逃，先到了凤翔（今陕西凤翔），后又转到兴元（今陕西汉中），王建被任命为清道使，担负起保护玉玺和唐僖宗的重任。逃亡途中，山中的栈道被火烧得几乎要断了，浓烟中路也看不清了，王建就奋不顾身地冲在前面，为唐僖宗开路。休息的时候，唐僖宗累得枕着王建的腿就睡着了，唐僖宗醒来后，见王建为保护自己也没有休息，感动得流下了热泪，当即脱下御衣赐给了他。

到了兴元，田令孜心里害怕唐僖宗惩罚他，因为他觉得这次皇帝的出逃和他有很大的关系，于是就主动提出来去他弟弟西川节度使陈敬宣军中去任监军。田令孜走后，宦官杨复恭接任了观军容使的职务，王建被他视为和田令孜一伙的人，于是把他调出京城，到外地去当了一个小刺史。王建的任地是蜀地的壁州（今四川通江），当地是个民族杂居的地方，有个溪洞部落骁勇善战，王建便将他们收归自己属下，扩建成了一支8000人的部队，以此为资本，王建又攻下了附近的两个州：阆州（今四川阆中）和利州（今四川广元），这样他的地盘就逼近了西川的地界。当时的川蜀分为两部分，即东川和西川，东川被顾彦朗控制，西川就是王建养父田令孜的弟弟陈敬宣的领地。王建想向四周发展，就势必和他们发生摩擦。但他和顾彦朗早在长安一带作战时就有了一些交情，所以无法用兵，王建只好暂时静观事态发展，等待时机。

没等王建行动，陈敬宣就坐不住了。他非常担心王建对西川构成威胁，就和田令孜商量对策，田令孜不慌不忙地说："王八是我的儿子，没什么可担心的，他现在做贼也是迫不得已。只要我写封书信派人送去，他便自会过来投奔在你手下。"正愁没机会发展的王建看见养父的书信，非常高兴，立刻派人去告诉顾彦朗："监军阿父来信招我去，我很想去成都看望阿父，只要能在陈敬宣手下得到一个大郡我就很满足了。"王建将自己的家属委托顾彦朗照顾，就领兵3000出发了。还没等他到成都，陈敬宣就反悔了，西川的参谋李义提醒陈敬宣：

"王建乃是一个有虎狼之心的奸雄，一心想夺取他人的土地，等他来了，公打算怎样任用？他来了也不会长期安居在公的手下，假如让他做名将校，恐怕对您极为不利！"

陈敬宣听信了李义的话，下令前方阻挡王建。远道而来疲惫不堪的王建听说后，勃然大怒，领兵就攻陷了汉州（今四川广汉），然后挥师直指成都。到了城下，田令孜上城墙劝慰王建，王建在城下跪下大声说："现在已经没有归路了，我今天辞别阿父去做贼啦！"

王建又派人请顾彦朗来援助他，东川军队到了之后，王建指挥士兵们大举攻城，但成都城墙坚固难攻，苦战三日也没能攻进城内，王建没有恋战，下令撤兵，以汉州为根据地，向四处发展。后来，王建又一次兵临成都，但这时的顾彦朗怕王建占领成都后对自己也构成了威胁，就出了个主意，他对王建说："我在军中时，看见用兵的人如果不用天子的名义，大家就不容易团结。现在我们不如向皇帝奏报陈敬宣的罪行，让朝廷另派大臣来统率，我们一同辅佐他，那样或许能有所收获。"等宰相韦昭度奉命到达后，陈敬宣又拒绝交出兵权，韦昭度指挥王建和顾彦朗攻城也没能成功。

王建见韦昭度来也没能如愿，他不愿受管制，于是劝韦昭度回去辅佐皇帝办大事，陈敬宣只是个小问题，由他自己处理就足够了。韦昭度犹豫不决，王建就使出流氓式的手段：暗中命人将韦昭度的亲信属吏抓住杀死，然后割碎吃了，却对韦昭度说军士饥饿，要以此为食，吓得韦昭度把印信交给了王建就起程回去了。王建又亲自送行，还和韦昭度洒泪而别。

有了节度使的印信，王建出兵四处征讨，打得理直气壮，在解决了周围的地区之后，王建又率兵来攻已经是一座孤城的成都。在田令孜的说和下，陈敬宣只得出城投降。王建终于如愿进入成都，他没有饶恕陈敬宣，给他扣上一个谋反的罪名杀死了，就连他的养父田令孜他也没有放过，先是告发他私通凤翔的李茂贞，然后关进牢房将他饿死。西川已经到手，王建又不知足地打起了东川的主意。但顾彦朗毕竟对自己有恩，况且又帮助他攻打成都，再加上他和顾彦朗有姻亲关系，更让他难以发兵。但不久顾彦朗病故，他的弟弟顾彦晖继承了他的职位。这时，割据凤翔的李茂贞和顾彦晖结盟，共同对付王建，给王建提供了出兵的机会。于是他发兵进攻东川，但顾彦晖有李茂贞的支援，王建一时无法取胜，双方对峙起来。

王建一方面发展生产，一方面寻找时机吞并东川，几年后，时机果然来了。李茂贞和顾彦晖有了隔阂，顾彦晖竟然慌不择路地向王建求救来了，王建忙不迭地派兵出征，在打败李茂贞的军队后，顺便将东川的统治中心梓州（今四川三台）也占领了，顾彦晖被俘后自杀。西川和东川都到手了，王建的目的终于达到了。王建的军队战斗力很强，纪律严明，所向无敌，有意思的是他的军中还有很多隐语，比如剑叫作夺命龙，枪叫作肩二，弩叫百步王，箭叫飞郎，鼓叫圣牛儿，锣叫响八。

这时的中原地区正是朱温和李茂贞争夺控制唐昭宗的时候，朱温发兵围困凤翔，李茂贞挟持唐昭宗在凤翔城内抵抗。王建也趁机大捞好处，对朱温他痛斥李茂贞，同时王建又鼓励李茂贞坚守，必要时他王建会出兵相助。事实上王建却趁李茂贞无力他顾的有利时机把李茂贞的许多领地都占去了。等朱温撤退后，李茂贞也没法再收回了。王建向北得了些好处后，又乘人之危占领了东面荆南的四州。902年，荆南节度使死后内部发生战乱，王建便趁机出兵攻占了和东川相临的夔州（今重庆奉节东）、施州（今湖北恩施）、忠州（今重庆忠县）和万州（今重庆万县），又大大扩充了领土。

第二年，唐朝廷封王建为蜀王，等于承认了王建在两川的地位。朱温称帝的时候，派使者去见王建，想让他归附，王建没有答应，反而四处散发檄文讨伐朱温，其实也是做做样子，根本没有出兵。几个月后，在当年的九月，王建也学着朱温的样子在成都称帝，建国号蜀（后来曾改为汉）。为和以后孟知祥建立的后蜀区别，史称前蜀。

王建在称帝之后，也做了一些好事，他在蜀地下诏劝农桑，发展生产，命令官吏不得侵扰百姓，以使他们能安居乐业。政治上的成就来自于王建对文臣的重视和重用。他对于唐朝大臣的后代都予以重用，

而且礼遇很重，属下有人提出这样有点过分，但王建却说："你们这些人见过什么，当初我在禁军时，负责宫门守卫，见皇帝对待翰林学士的态度比一般人的朋友关系还要亲密，现在我对待文臣只是当初皇帝的百分之一，又怎么说过分呢！"

因为礼遇文臣，所以对于他们的意见王建也经常听从。属将们见李茂贞的力量削弱了许多，就极力主张趁机夺取，王建问节度判官冯涓，冯涓说："用兵要慎重，不能任意地消耗国力，使民遭难。现在梁晋争雄，假如两家以后合为一处，发兵攻蜀，即使诸葛亮再生也不能阻挡。而凤翔是蜀地的屏障，不如与之和亲通婚，无事就务农练兵，坚守疆界，有事则静观其变，待机而动，这样可保万无一失。"王建听从了冯涓的意见，实行保境安民的政策。后来冯涓还劝谏王建，罢去了一些重赋。当时其他人不敢说，冯涓就趁一次给王建祝寿的机会献颂表，表中先颂功德，然后再说百姓疾苦。王建看后赞叹道："像君这样忠谏，功业就没什么可担忧的了！"接着便下令减轻了赋税。

还有一次，王建登上兴义楼，有个和尚挖出自己的一只眼珠献给王建，王建感动得下令供一万名僧人饭食相报。翰林学士张格阻止说："小人无故自残，赦免他的罪过已经是宽恕了，不应该再这样重赏饭食，导致不良风俗泛滥。"王建听了醒悟过来，就收回了成命。凭借着内部安定，以及地势易守难攻，王建才能和后梁对峙，毫不示弱。后梁派使臣到前蜀，官文落款是"大梁入蜀之印"，将前蜀当夷狄等落后的少数民族对待，王建很生气。后来朱温被杀，王建派使臣去吊唁，在后梁办丧事的时候也不忘报当初的一箭之仇，王建的落款是"大蜀入梁之印"。

王建死时72岁，庙号高祖。他的儿子王衍继位，即前蜀后主。

骄淫贪色，前蜀王衍丧国

王衍（899—926），初名王宗衍，前蜀国君，王建幼子，918—925年在位。

五代十国时期除了北方中原地区相继出现的梁、唐、晋、汉、周五个朝代，在西蜀和南方地区还有九个割据政权，加上在北方的北汉，一共是十国。其中十国里的蜀国分为前蜀与后蜀，前蜀的建立者是王建。

王建晚年，逐渐昏庸奢侈。太子王元膺与大臣唐袭相互倾轧攻杀，"窝里斗"的结局是双双丧命。不得已，王建立幼子郑王王宗衍为太子。

本来王宗衍于王建十一个儿子中年纪最小，按说是不应该被立为太子的，为什么最后反而继承了帝位？原来王建晚年多内宠，贤妃徐氏与妹妹淑妃都因为姿色艳丽而专宠后宫，王衍的母亲就是徐贤妃。王宗衍长得方颐大口，垂手可以过膝，回头能看见自己的耳朵。而且他也很有学问，能写浮艳的辞藻，曾写过艳体诗200篇，署名为《烟花集》，传诵于全蜀。王元膺死后，王建因为豳王宗辂长得像自己，而信王宗杰在诸子中最有才干，打算在两人中间选择一个立为太子。徐妃与宦官教唆看相的哄王建说幼子王宗衍的相貌贵不可言，又指使宰相张格也这样说，王宗衍就是这样当上了太子。

王宗衍继位后，更原名"宗衍"为"衍"，尊其母徐氏为皇太后，尊其姨母（也是王建的妃子）为皇太妃。这两个妇人不知是何出身，王衍初掌国柄，两人就教唆王衍卖官求财。"自刺史以下，每一官缺，

必数人并争，而入钱多者得之"，情形和现在的公开拍卖如出一辙，荒唐得令人瞠目结舌。

王衍年少继位，生于深宫之中，养于妇人之手，浑然不知经营天下的辛劳和他父亲开疆拓土的艰难。按理讲，依王建那"贼王八"的穷出身，应该几代教养下来才有贵族气象。至王衍则不然，其父虽是猛戾武夫，这宝贝儿子们倒是天生艺术家、大诗人的料。

王衍继位后，把国政交给平日伺候他的太监宋光嗣、王承休等人。自己与韩昭、潘在迎一帮文士终日吟诗饮酒，欢笑怡然，并下命兴建重光、太清等数座宫殿，兴筑名为"宣华苑"的皇家园林，其中遍充美妇人，与那些狎客、妇女日夜在里面酣饮喧闹，从早上到晚上宴饮不断，到了天黑的时候点起蜡烛继续喝。

王建的义子嘉王王宗寿是明白人，看见皇帝弟弟如此溺于酒色，也想在酒席宴上斗胆进谏一次，他起立行礼，言发泪下，呜咽地劝王衍要以社稷为重，经营国事。未等王宗寿讲上几句，韩昭等文士在旁一起嘲谑起哄，讥笑地说："嘉王这是喝多了撒酒疯啊。"举座哗然，笑语纷纷，王宗寿不得已退回原席暗自伤悲。

王衍即位不久便册立了高氏为皇后，高皇后是前兵部尚书高知言的女儿，但她为人端正沉静，很不合王衍的心意。他命令内教坊严旭去民间选取 20 个良家女子，严旭带领士兵搜掠民家，只要是有姿色的女子，不管出嫁还是没有出嫁都抢进宫里，一时民间怨声载道。王衍见到那些天资绝色的女子十分高兴，立刻赐封严旭为蓬州刺史。

蜀人富而喜欢夸耀，当王衍末年的时候，民间流行一种小帽子，小得只能覆住头顶，一低头就往下掉，称作"危脑帽"。王衍认为不吉祥，下令民间严禁再戴这种帽子。而王衍好戴大帽子，每次微服出游民间的时候，市井百姓只要一看见有人戴着大帽子，就知道那一定是皇帝。为了掩藏行迹，王衍令国中人都戴大帽。王衍又好裹尖头巾，形状如锥子。于是后宫女子都戴金莲状的花冠，穿道士的衣服，脸上涂了朱粉，酒酣耳热的时候脱下巾冠，号称是"醉妆"，国中人都效仿。

　　太后太妃最喜欢冶游，时常到亲贵的私邸连夜饮酒，或者游览近郡的名山大川，耗费的金钱无法计数。王衍曾与太后、太妃游青城山，停驻在上清宫。宫人的衣服都绘画了云霞，远远望去飘然若仙。王衍自制《甘州曲辞》，亲自唱："画罗裙，能结束，称腰身，柳眉桃脸不胜春，薄媚足精神。可惜沦落在风尘。"宫人都应声而和。王衍的本意是这些宫妓本来是神仙可惜沦落到了凡尘。后来蜀国灭亡，宫妓都沦落到烟花丛中，她们才深有体悟。

　　乾德二年的冬天，王衍北巡到达西县，披着金制的铠甲，戴着镶嵌珠宝的帽子，旌旗戈甲，连亘百余里，老百姓还以为是巫师在作法。等到了阆州，无意中看见州民何康的女儿，何女长得美丽过人，王衍立刻命侍从强行拉过来。一问才知道何女已经嫁人了，王衍欲火正旺，哪里管她嫁不嫁人，拿出了100匹帛赐给她的丈夫，让她的丈夫再娶一个。不料何氏夫妻感情很深，她的丈夫为此悲痛而死。王衍得到了何女无心再游逛，即日起程回归成都。回来的时候自阆州浮江而上，龙舟画舸照耀着江水，所经过的地方州县供应花费巨大，民间困苦不堪。

　　王衍与何女缱绻了一个多月后便味同嚼蜡，正穷极无聊的时候在徐太后的母家看见一个绝世的佳人，姿容之艳丽仿佛不是人间的女子。原来是外祖父徐耕的孙女，与王衍是表兄妹，当下王衍要将徐女带进宫里。徐女不敢违抗皇帝的旨意，被王衍用车载进后宫。一连几天颠鸾倒凤，王衍发现徐女不但姿色超过常人，而且床上的功夫也非寻常的女子可比，一时间徐女宠冠六宫。王衍为了掩饰徐女的身份，对外宣称她是韦昭度的孙女，封她为韦婕好，不久又加封其为韦元妃。

　　正宫皇后高氏早已经被王衍冷落，自韦妃入宫后更不被当人看待，免不得私下流露出一些怨言。这些话传进王衍的耳朵里，王衍巴不得找借口把高皇后废去。此时正中他的心意，便下旨剥夺高皇后的身份，打发她回到娘家。高皇后的父亲已经老迈，听到女儿被休的消息活活吓死了。

　　王衍想立韦妃为皇后，只是后宫里还有一个金贵妃，姿容也极为

秀艳，而且她精于诗文绘画，王衍对她也很宠爱，此时真是两为难。传说金贵妃出生的时候，天下起瓢泼大雨，她的母亲梦见一条红色的龙绕庭而走，所以分娩后闺名取为飞山。乾德初金氏选入宫里后一度得到专宠，到了韦妃入宫多少被王衍疏远了，但资格比韦妃高一些，而且赤龙梦兆的话不管是真是假此时却派上了用场。王衍踌躇了很多天，还是立金妃为皇后。

蜀宫佳丽如云，除了花天酒地，王衍还想出各种办法玩乐。他曾经用数万段彩缯结成彩楼。他在高高的山上修建宫殿亭阁，规模像皇宫一样，在里面宴乐连月不下来。王衍又在山前别立一座彩亭，用金银做成了厨具在彩亭里烹调，站在彩楼上观看，称作"当面厨。"

有一次，王衍在剑州西部山区游逛，忽然密林中蹿出一只猛兽，从随行人群中咬叼住一个役夫，如入无人之境一般，摆尾掉头回山。王衍并未派兵去"虎口救人"，反而大叫刺激，命群臣以此情状赋诗。

文士王仁裕作诗道："剑牙钉舌血毛腥，窥算劳心岂暂停。不与大朝除患难，惟于当路食生灵。"言语之间，对猛兽还有斥责之意。翰林学士李洪弼不甘落后，也随口赋诗一首："崖下年年自寝讹，生灵餐尽意如何？爪牙众后民随减，溪壑深来骨已多。天子纲纪犹被弄，客人穷独固难过。长途莫怪无人迹，尽被山王税杀他。"后主览诗大笑，以为此诗巧妙。狎客韩昭也不示弱，急智吟诗，大拍王衍马屁，颂扬皇上巡游不是以玩乐为目的，而是为了安定边疆。其诗曰："吾王巡狩为安边，此去秦宫尚数千。夜昭路岐山店火，晓通消息戍瓶烟。为云巫峡虽神女，跨凤秦楼是谪仙。八骏似龙人似虎，何愁飞过大漫天。"王衍闻诗大喜，也自作一诗，和之曰："先朝神武力开边，画断封疆四五千。前望陇山登剑戟，后凭巫峡锁烽烟。轩王尚自亲平寇，嬴政徒劳爱学仙。想到隗宫寻胜处，正应莺语暮春天。"

宣徽使王承休因为巴结宦官得到王衍的宠幸，他的妻子严氏长得十分美艳，王衍非常垂涎她的姿色，在严氏入宫的时候二人私通在一处。王承休只好睁只眼闭只眼，王衍也觉得愧对王承休，便让他做了龙武军都指挥使，用裨将安重霸为副指挥使，真是夫因妻贵。安重霸为人一向狡佞，他劝王承休再进一步入求秦州节度使，并且教给他见了皇帝该说什么话。王承休便入宫见王衍说："秦州多出美妇人，臣愿为陛下访求。"王衍听了十分高兴，立刻封王承休为秦州节度使。王承休携妻子赴任，去了秦州以后他大力搜寻民间的女子，教她们学习歌舞，然后将这些美女绘成图像送给王衍。

当时唐庄宗李存勖灭掉后梁，蜀人都十分恐惧。为了探听蜀国的虚实，唐庄宗派遣李严出使蜀国。蜀地狭而民富，帝帷珠翠夹道不绝。李严见蜀国人物富盛，而王衍骄淫不理国事，回来后便劝唐庄宗灭蜀。

第二年，唐庄宗派魏王李继岌、郭崇韬伐蜀。当时王衍因为想念王承休的妻子严氏，加上王承休图画上描绘的那些倾国倾城的歌女，丝毫不理会众大臣的劝谏东巡去了秦州。路过梓潼的时候刮起了大风，大风吹塌了房屋，拔起了树木，随行的太史劝王衍说："这是贪狼风，预示着当有败军杀将。"王衍一心想念严氏，仍旧冒着大风往前走。待到了绵谷传来唐师入境，凤、兴、文、扶四州已经降唐的消息，王衍这才感到害怕，匆匆忙忙往回赶。

唐兵所到之处州县没有抵抗都投降了，派出去的大将也都不战而降。王衍自绵谷回到成都后与群臣相对涕泣而没有什么办法，最后只好上表乞降。君臣用草绳将自己缚住，嘴里含着玉璧，素衣白马赤着脚，抬着棺材出降七里亭。

唐庄宗传旨召王衍入洛阳，同光四年四月，走到秦川驿的时候，唐庄宗用伶人景进的计策，派宦官向延嗣诛杀王衍全族。王衍的母亲徐氏临刑大喊说："我儿子以一国迎降反以被戮，信义俱弃，我知他祸也不远了！"蜀帝家属仆人被杀的1000多人，王衍的姜刘氏正值青春年少，且美丽，行刑者暗生艳羡打算赦免她，刘氏说："家国丧亡，义不受辱，你们快把我杀了！"于是也被杀死了事。从王建创立蜀国到王衍身死国灭一共19年，岁月之短暂与秦二世胡亥有的一比。

玩物丧志，后蜀孟昶降宋

孟昶（919—965），初名仁赞，字保元。祖籍邢州龙岗（今河北邢台），出生于晋阳城（今山西太原西南）。五代后蜀高祖孟知祥第三子，后蜀末代皇帝（第二代，934—964年在位），在位31年，享年47岁。

五代时，孟知祥为西川节度使，后唐明宗死后，孟知祥僭称帝号，历史上名为后蜀。孟知祥不出数月而死，其子孟昶即位，是为后主。

孟昶继位时年仅16岁。他资质端凝，少年老成，个性英果刚毅。孟知祥晚年，对故旧将属非常宽厚，大臣放纵横暴，为害乡里。孟昶继位，众人欺他年轻，没把他放在眼里，更加骄蛮恣肆，往往夺人良田，毁人坟墓，欺压良善，全无顾忌，其中以李仁罕和张业名声最坏。孟昶即位数月，即以迅雷之势派人抓住李仁罕问斩，并族诛其全家，一时大快人心。

张业是李仁罕外甥，当时掌握御林军。孟昶怕引起内乱，杀李仁罕后不仅没动他，反而升任他为宰相，以此来麻痹他。张业权柄在手，全不念老舅被杀的前车之鉴，更加放肆任性，竟在自己家里开置监狱，敲骨吸髓，暴敛当地人民，引起公愤。见火候差不多，孟昶与匡圣指挥使安思谦合谋，一举诛杀了这位不知天高地厚的权臣。藩镇大将李肇来朝，自恃乃前朝重臣，倚老卖老，挂着拐杖入见，称自己有病不能下拜。闻知李仁罕等人被诛杀，再见孟昶时远远就扔掉拐杖，跪伏于地，大气也不敢喘。

将父亲孟知祥留下的一帮老臣旧将收拾服帖后，孟昶亲政，选拔新人担任各级官吏，并效法武则天设立铜匦于朝堂，鼓励官民密告枉吏、推荐良才。他颁布劝农桑诏，要求各地刺史、县令将农桑劝课作为主要政务，又罢免武将们兼领的节度使职务，改为文臣担任，改善地方吏治。他还亲写"戒石铭"，颁于诸州邑，戒令官员："朕念赤子，旰食宵衣。言之令长，抚养惠绥：改存三异，道在乙丝。驱鸡为深，留犊为规。宽猛得所，风俗可移。无令侵削，无使疮痍。下民易虐，上天难欺。……尔俸尔禄，民脂民膏。为民父母，莫不仁慈。勉尔为戒，体朕深思。"由此，可见孟昶爱民之心，在五代十国昏暴之主层出不穷的年代，确实难能可贵。

孟昶虽好文学，但殷鉴不远，继位初期他还多次以王衍为戒，常常对左右侍臣讲："王衍浮薄，而好轻艳之词，朕不为也。"为了能使文化经学更加广泛流传，孟昶还命人在石头上刻《论语》《尔雅》《周易》《尚书》等十经，尽依太和旧本，历时八年才刻成。又怕刻石经流传不广，就刻为木板，以便于流传。后世用木本刻书，即是始于后主孟昶。还有一事值得一提，中国人新春贴对联，也始于这位孟昶，他所撰写的中国历史上第一副春联如下："新年纳余庆，佳节号长春。"孟昶还对方药十分精通，母亲有病，找了很多太医都不能治愈，孟昶自制药方让母亲服用，一下就治好了母亲的病。群臣有谁生病，孟昶往往亲召诊视，一般都能药到病除，令医官都很佩服。据一些笔记资料记载，"（孟昶）性明敏，孝慈仁义，能文章，好博览，有诗才"，可以讲，孟昶在继位初期是个不错的皇帝。

后晋被契丹灭之后，趁后汉刘知远立足未稳，孟昶也曾想趁机染指中原，"昶窥中原之志甚锐"，但终于所托非人，大败而归，不能成事。周世宗柴荣在位时，由于孟昶上疏不逊，周军伐蜀，蜀军大败，丢掉秦、成、阶、凤四块土地。情急之下，孟昶忙与南唐等周边小国联合，以谋抵御。孟昶在位后期，特别是中原那边后晋、后汉、后周交替迭兴之际，各家都注力中原，无暇顾及川蜀。孟昶的外部压力减轻，据险一方，正好"关起门来做皇帝"。

孟昶有个宠臣名叫王昭远，"惠黠阴柔"，自小就伺候孟昶，两人一起长大，深受孟昶信赖。后来，权高位重的朝廷枢密使一职缺空，

孟昶竟让王昭远补缺，事无大小，全委托他办理。国库金帛财物，任其所取，从不过问。他自己则酣歌恒舞，日夜娱乐。他为了打球走马，强取百姓的田地，作为打球跑马场，命宫女穿五彩锦衣，穿梭来往于场中，好似蝴蝶飞舞。

孟昶嫌后宫妃嫔没有绝色美女，便广征蜀地美女以充后宫。青城山有一姓费的女子，生得风姿秀逸，且擅长吟咏，精工音律。后主闻其才色，选入宫中，十分嬖爱。因前蜀王建之姜小徐妃，号为花蕊夫人，也就袭其名称，封费氏为花蕊夫人。

孟昶之所以宠爱"花蕊夫人"，还有一个原因，就是"花蕊夫人"太像他原来最宠爱的妃子张太华。但当初在畅游青城山时，她不幸突遭雷击身亡。孟昶为此悲痛万分，将爱妃厚葬于青城山上观前的一棵白杨树下，每天都在宫里遥祭她，且不时呼唤："何日妃再来!"当有人从埋葬张太华的青城山处找到花蕊夫人后将她送到他面前时，孟昶一看，不胜惊讶地说："如此国色天香，简直与太华一模一样。"又说："爱妃复出，天赐美人，足见我艳福不浅呀!"

花蕊夫人温柔风流，更兼天赋歌喉，每逢侍宴，红牙按拍，檀板轻敲，声徐流水，余音袅袅，绕梁三日。后主日日饮宴，觉得肴馔都是陈旧之物，端将上来，便生厌恶，不能下箸。花蕊夫人为了讨好孟昶，就别出心裁，用洗净的白羊头，以红曲煮之，紧紧卷起，将石镇压，以酒腌之，使酒味入骨，然后切如纸薄，吃起来风味无穷，号称"绯羊首"，又名"酒骨糟"。后主遇着月旦，必用素食，且好吃薯药。花蕊夫人以薯药切片，莲粉拌匀，加用五味调和以进，清香扑鼻，味酥而脆，并且洁白如银，望之如月，宫中称之为"月一盘"。其余肴馔，特别新制的，不计其数。后主命御膳司刊列食单，多至百卷，每值御宴，更番迭进，每天都没有重味的，让孟昶对花蕊夫人的宠爱一日胜似一日。

花蕊夫人最爱牡丹花与红栀子花。后主因此开辟宣华苑，不惜金钱，到处收集牡丹花种，栽植在内宫花圃，改宣华苑为牡丹苑。当春花开时，双开的有10株，黄的、白的各3株，黄白相间的4株，其余深红、浅红、深紫、浅紫、淡花、巨黄、洁白；正晕、侧晕；金含棱、银含棱；傍枝、副搏、合欢、重叠台，多至 50 叶，面径七八寸，有檀心如墨的，花开后香闻 10 里。后主与花蕊夫人，日夕在花下吟诗作赋、饮酒弹琴。红栀子花颜色淡红，其瓣六出，清香袭人。花蕊夫人说栀子有牡丹之芳艳，具梅花之清香，是花中仙品。栀子花种只得两粒，民间还不曾见。有人便将花画在团扇上向他人炫耀。后来竟相习成风，不但团扇上面画着红栀子花，豪家子弟们将栀子花绣在衣服上面，到处游行。妇女把绢素鹅毛裁剪出来，做成红栀子花，插在鬓上，作为装饰。一时之间，蜀中所有凤钗珠环，金钿银簪，尽都摒而不用，一齐戴起红栀子花来，成为当时的风尚。

花蕊夫人

后主又下令国中，沿着城上，尽种芙蓉。秋天芙蓉盛开，沿城 40 里远近，开得叠锦堆霞，一眼望去，好似红云一般。倾城妇女，都来游玩，珠光宝气，绮罗成阵，箫鼓画船，逐队而行。后主御辇出宫，带了无数的宫嫔女官，一个个锦衣玉貌，珠履绣袜，车水马龙，碾尘欲香。蜀称“锦城”，至此可谓名副其实了。

每逢宴余歌后，后主同着花蕊夫人，将后宫的佳丽召至御前，亲自点选，拣那身材婀娜、姿容俊秀的，加封位号，轮流进御，特定嫔妃位号，为十四品。其品秩相当于公卿士大夫，每月香粉之资，皆由内监专司，谓之月头。到了支给俸金之时，后主亲自监视，那宫人竟有数千之多，唱名发给，每人由御床之前走将过去，亲手领取，名为支给买花钱。花蕊夫人写诗咏此事道：“月头支给买

花钱，满殿宫人近数千；遇着唱名多不语，含羞走过御床前。"

后主最怕热，每遇炎暑天气，便觉喘息不已，甚至夜间亦难着枕，便在摩诃池上，建筑水晶宫殿，以为避暑之所。画栋雕梁，飞甍碧瓦，五步一阁，十步一楼，复道暗廊，千门万户，纹窗珠帘，绣幕锦帏。又另外凿了一处九曲龙池，蜿蜒曲折，有数里之长，通入摩诃池内。最奇妙的是池内安着四架激水机器，将机拓开了，四面的池水，便一齐激将起来，高至数丈，聚于殿顶，仍从四面分泻下来，归入池中。那清流从高处直下，如万道瀑布，奔腾倾倒；又如匹练当空，声似琴瑟，清脆非凡。那池中的水珠儿，激荡得飞舞纵横，如碎玉撒空，却又没有一点儿激入殿里来。无论什么炎热天气，有这四面的清流，自上射下，那暑热之气，早已扫荡净尽，便似秋天一般了。再看那殿中陈设的用品，全是紫檀雕花的桌椅，大理石镶嵌的几榻，珊瑚屏架，白玉碗盏，沉香床上悬着鲛绡帐，设着青玉枕，铺着冰簟，叠着罗衾。殿中悬巨大的明月珠，熠熠生光，似明月一般，夜里不用点灯。孟昶携了花蕊夫人，偕同宫眷，移入水晶宫内，以避暑热。

一天，后主酒后酣睡，直到半夜方才醒来，一翻身坐在冰簟上面，觉得甚是烦渴。正要唤宫人斟茶解渴，花蕊夫人已盈盈地步至床前，挂起了鲛绡帐，手托晶盘，盛着备下的冰李、雪藕。后主取来一吃，觉得凉生齿颊，十分爽快，便与花蕊夫人出去纳凉。慢慢地行至水晶殿阶前，在紫檀椅上坐下。此时绮阁星回，玉绳低转，夜色深沉，宫里静悄悄的绝无声息。他们并肩而坐，天淡星明，凉风吹起时，岸旁柳丝花影，皆映在水池中，被水波荡着，忽而横斜，忽而摇曳。花蕊夫人穿着一件淡青色蝉翼纱衫，被明月的光芒，映射得里外通明，越发显得冰肌玉骨，粉面樱唇，格外娇艳动人。后主情不自禁，把花蕊夫人揽在身旁，相偎相依。

花蕊夫人低着云鬟，微微含笑道："如此良夜，风景宜人。陛下精擅词翰，何不填一首词，以写这幽雅的景色呢?"后主应允，立即取过纸笔，一挥而就。花蕊夫人接来观看，是调寄《洞仙歌》一阕，词里写道：

冰肌玉骨，自清凉无汗。水殿风来暗香满。绣帘开，一点明月窥入；人未寝，攲枕钗横鬓乱。起来携素手，庭户无声，时见疏星渡河汉。试问夜如何？夜已三更，金波淡，玉绳低转。但屈指、西风几时来，又只恐、流年暗中偷换！

花蕊夫人将"又只恐、流年暗中偷换"诵读几遍，对后主道："陛下词笔，清新俊逸，气魄沉雄，可谓古今绝唱了，只最后一句未免使人伤感。"后主命花蕊夫人谱曲歌咏，自吹玉笛相和。唱到那"人未寝，攲枕钗横鬓乱"，后主便将玉笛放慢，花蕊夫人却随着玉笛，延长了珠喉，一顿一挫，更加靡曼动人。至"又只恐、流年暗中偷换"，又变作一片幽怨之声，如泣如诉，格外凄清。后主的笛声，也吹得回环曲折，凄楚悲凉。那林间的宿鸟，被歌声惊动，扑扑飞起。

倘若孟昶对宠臣王昭远只是一般的宠信，又或者王昭远仅仅是个智识庸下的宠臣，也不会惹出太多事端，偏偏这小子平素还好读兵书，装模作样，处处以诸葛亮自诩。山南节度判官张廷伟知道他的"志向"，乘间拍马屁献计："王公您素无勋业，一下子就担当枢密使的要职，应该建立大功以塞众人之口，可以约定汉主（北汉），我们一起出兵夹击，使中原表里受敌，能尽得关右之地。"王昭远大喜，禀明孟昶，获得同意，便派了三个使臣带着蜡丸帛书去和北汉密约。不料，三个使臣中有一个叫赵彦韬的，偷偷带着蜡书逃往宋国，把密书献给宋太祖赵匡胤。

立国不久的赵匡胤正愁攻讨蜀国无名，得赵彦韬献书后大笑道："朕要伐蜀，正恐师出无名，现在有了这封书信，便可借此兴兵了。"遂即调遣军马，命忠武军节度使王全斌，为西川行营都部署，率马步军六万人，分道入蜀。太祖赵匡胤已在汴河之滨，为孟昶建好了囚住的小宅，多至500余间，供张什物，一切具备，赵匡胤在未战之时，已料定孟昶必败无疑了。

太祖久闻花蕊夫人天姿国色，是个尤物，心内十分羡慕，唯恐兵临成都，花蕊夫人为兵将所蹂躏。所以诸将临行之时，他便再三嘱咐，不准侵犯蜀主家属，无论大小男妇，都要好好地解送汴京。

此时的孟昶仍沉浸在温柔乡里，自忖外面有王昭远镇抚，大可安枕无忧。听说宋兵来伐，孟昶派大臣李昊"欢送"王昭远出兵迎敌。王昭远手执铁如意，一派儒将派头，左右前后指挥，看上去很像模像样。酒至半酣，王昭远对李昊讲："我此行出军，不仅仅是抵御敌兵，而是想率领这两三万虎狼之师一直前进，夺取中原，易如反掌！"

哪知兵出剑门，刚与宋军交战，便一触即溃，惊魂不定的王昭远狂逃至利州。宋军穷追不舍，他又继续逃跑，退守剑门。不料宋军抄小路，出其不意地出现在蜀军的身后。王昭远一看，大势已去，顿时瘫倒在床上，吓得屁滚尿流，当即被宋军抓获。

剑门乃成都之屏障，一旦有失，成都就危险了。当孟昶听说王昭远退守剑门时，立即派太子孟玄喆率军增援。

这位太子爷不过是一个花花太子，除了会玩女人之外，他什么都不懂，更不懂军事韬略。临到率军打仗时，他还用绣辇抬着一大群爱姬美女与之同行，又带了一大批乐师乐器随军演唱，"蜀人见者皆窃笑"。随行大军也仪甲灿烂，"旗帜悉用文绣，绸其杠以锦"，很像是一支演戏的大部队。果然，还未等太子的军队赶到，剑门关早已失陷了。太子吹吹打打地去，只好又吹吹打打地返回成都。

这时，南路的宋军，早已突破三峡防线，然后沿江北上，直逼成都。后蜀主广政二十八年 (965) 元月，宋军南北两路大军，按计划会师于成都。

至此，做了将近30年太平蜀主的孟昶，才如梦初醒：自己的江山已经玩儿完了，现在要干的不是吟诗作赋，而是叫人起草降表了。极具讽刺意味的是，当年前蜀王衍灭亡之时，写降书的是蜀国司空李昊。而今后蜀亡国时，也是这位"德高望重"的李大人起草降表，所以，蜀人在他的大门上写了"世修降表数李家"几个大字。

是年元月中旬，宋军主帅王全斌到达成都会仙桥接受孟昶的投降表，孟昶及家眷被押往汴京。到汴京后，孟昶举族与官属一并到了京里，素服待罪阙下。太祖将他封为检校太师，兼中书令，授爵秦国公，赐居汴河之滨的新造第宅。太祖对孟昶之妾花蕊夫人一直存有企图，很想据为己有，但一时不便特召，只好借着这种借口赏赐，到时孟昶一行必定进宫谢恩，就可见花蕊夫人了。

到了次日，孟昶妻妾一同入宫拜谢圣恩。太祖便择着次序，一个一个召见。到得花蕊夫人入谒，太祖格外留神，觉得她才至座前，便有一种香泽扑入鼻中，令人心醉。仔细端详，真是天姿国色，不同凡艳，千娇百媚，难以言喻。折腰下拜，婀娜轻盈。太祖已看出了神，好似酒醉一般失了知觉。等到花蕊夫人口称臣妾费氏见驾，愿皇上圣寿无疆，这一片娇音，如珠喉宛转，呖呖可听。太祖的眼光，注视在花蕊夫人身上，一眨也不眨。花蕊夫人也有些惊觉，便瞧了太祖一眼，低头敛鬟而退。这临去时的秋波一转，更是勾魂摄魄，直把个太祖弄得心猿意马，时时刻刻念着花蕊夫人，几乎废寝忘食。恰值此时，皇后王氏，于宋乾德六年（968）薨逝，六宫春色，虽然如海，都比不上花蕊夫人的美貌。太祖正在择后，遇到这样倾国倾城的佳人，如何肯轻易放过？思来想去，便将心肠一硬道："不下毒手，如何能得美人？"当下决定在这一天，召孟昶入宫夜宴，太祖以卮酒赐之，并谕令开怀畅饮，直至夜半，方才谢恩而归。至次日孟昶遂即患病，胸间似乎有物梗塞，不能下咽。延医诊治，皆不知是何症候，不上两日，即便死去，时年47岁，从蜀中来到汴京，不过7天工夫。

太祖闻得孟昶已死，为之辍朝5日，素服发丧，赠布帛千匹，葬费尽由官给，追封为楚王。花蕊夫人全身缟素，愈显得明眸皓齿，玉骨姗姗，太祖便乘此机会，把她留在宫中，逼令侍宴。花蕊夫人在这时候，身不由己，也只得从命。饮酒中间，太祖知道花蕊夫人在蜀中时，曾做宫词百首，要她即席吟诗，以显才华。花蕊夫人奉了旨意，遂立吟一绝道："君王城上竖降旗，妾在深宫哪得知；十四万人齐解甲，更无一个是男儿。"

花蕊夫人饮了几杯酒，红云上颊，更觉妩媚动人。数杯酒后，宋太祖便把花蕊夫人拥入寝宫，尽其欢乐。这花蕊夫人，服侍得太祖心酣意畅，到了次日，即册立为贵妃。花蕊夫人既顺从了太祖，又受封为妃，少不得拿出在蜀中引诱孟昶的手段来，引诱太祖，每日里歌舞

宴饮，取乐不已。

花蕊夫人自入宫册立为妃后，太祖临幸无虚夕，每天退朝，便从不往别处，专来和她作乐。这日退朝略早，径向花蕊夫人那里而来，步入宫内，见花蕊夫人正在那里悬着画像，点上香烛，叩头礼拜。太祖不知她供的是什么画像，即向那画像仔细看视，只见着一个人，端坐在上，那眉目之间，好似在何处见过一般，急切之间，又想不起来，心内好生疑惑，遂问花蕊夫人道："妃子所供何人，却要这样虔诚礼拜？"花蕊夫人不料太祖突如其来，被他瞧见自己的秘事，心下十分惊慌，又听得太祖追问，便镇定心神道："此即俗传之张仙像，虔诚供奉可以得嗣。"太祖道："供奉神灵，乃是好事，况且妃子又为虔求子嗣起见，尽管打扫静室，供奉张仙便了。"其实花蕊夫人与蜀主孟昶相处得十分亲密。自从孟昶暴病而亡，她被太祖威逼入宫，勉承雨露，虽宠冠六宫，心里总抛不了孟昶昔日的恩情，所以亲手画了孟昶的像，背着人私自礼拜。不料被太祖撞见，追问缘由，便诡说是张仙之像，供奉着虔诚求子嗣的。太祖非但毫不疑心，反命她打扫静室，虔诚供奉，以免亵渎仙灵。

花蕊夫人于是收拾了一间静室，把孟昶的像高高悬起，每日里焚香点烛，朝夕礼拜，十分虔诚。那宋宫里面的妃嫔，听说供奉张仙可以得子，哪个妃嫔不想生下个皇子，为后来的富贵。都到花蕊夫人宫中，照样画了一幅，前去供养起来。从此这张仙送子的画像，竟从禁中传出，连民间妇女要想生儿子的，也画了一轴张仙，香花顶礼，至今不衰。后人有诗咏此事道："供灵诡说是灵神，一点痴情总不泯；千古艰难惟一死，伤心岂独息夫人。"

太祖自孟昶来至汴京，曾在汴河旁边新造的府邸，500多间的大厦，赐他居住。现在孟昶母子俱已亡故，花蕊夫人又复入宫，便命将府邸中的东西收入大内。侍卫们奉了旨意，前去收拾，连孟昶所用的溺器，也取了回来，呈于太祖。原来孟昶的那个溺器，乃用七宝镶成，式样精巧，名贵无匹。估估它的价值，当不止十倍于连城之璧！侍卫们见了，十分诧异，不敢隐瞒，所以取回呈览。太祖见孟昶的溺器，也这样装饰，不觉叹道："一个溺器也用七宝镶成，更用什么东西贮食物呢？奢侈到这样，哪得不亡国！"遂命侍卫将溺器摔碎。

太祖因中宫久虚，拟立花蕊夫人为后，便与赵普密议。赵普说亡国之妃，怎么能母仪天下，赵匡胤只得作罢。太祖曾有金匮之盟传位光义的事，花蕊夫人心里很有些替德昭不服，常常在太祖面前说："皇子德昭，很有出息，将来继承大统，必是有道明君。陛下万不可遵守遗诏，舍子立弟，使德昭终身抱屈。"赵光义得知后，非常痛恨花蕊夫人，一心要将她治死。在一次宫廷围猎中，赵光义伪称误伤把花蕊夫人一箭射死了。

乱世起兵，钱镠建立吴越

852年，出生在临安（今浙江杭州）临水的钱镠，家世以田渔为业。因为出生时家中传出兵甲马嘶声，乱成一团，其父亲钱宽认为这是不祥之兆，抱起他就要往井中扔，幸好被祖母苦苦拦下，钱镠这才捡回一命。不过钱镠从小就是个无赖泼皮，从不安心农作，而是舞枪弄棒，贩卖私盐。

唐乾符二年（875），浙西裨将王郢作乱，石鉴（今临安东南）镇将董昌招募乡兵讨伐，以钱镠为偏将，击败了王郢。不久，黄巢起义军打到浙东，将要进攻杭州，钱镠分析形势后采用伏击战以少胜多打败黄巢的先头部队，然后又设计使黄巢不敢进攻杭州。当时坐镇扬州的高骈得知后，把董昌和钱镠召到扬州予以鼓励，后来表请任命董昌为杭州刺史，董昌把所属各县的乡兵整顿组成八都，以钱镠为都指挥使。

唐中和二年（882），越州（今浙江绍兴）观察使刘汉宏与董昌之间矛盾激化，刘汉宏派其弟刘汉宥等屯兵于西陵（今萧山西北）。钱镠率八部兵渡过钱塘江，偷袭成功，刘汉宥等逃走。接着，钱镠又在诸暨、萧山大败刘汉宏。中和四年，唐僖宗派宦官焦居璠为杭越通和使，要董昌和刘汉宏罢兵和解，双方都予拒绝。钱镠攻破越州，刘汉宏逃到台州（今临海）后被俘杀。钱镠奏请朝廷以董昌取代刘汉宏为越州观察使，他自己便占据杭州。

唐光启三年（887），唐廷正式任命钱镠为左卫大将军、杭州刺史，董昌为越州观察使。这一年，高骈被囚，淮南大乱。润州（今镇江）守将周宝为其部属薛朗等所逐，钱镠乘机迎回周宝，派兵攻占润州，俘杀薛朗，又派其弟钱铢逐杀占领苏州的六合镇将徐约，势力进一步发展。

唐昭宗即位后，任钱镒为杭州防御使。不久，升越州为威胜军，以董昌为节度使，封陇西郡王；又升杭州为武胜军，以钱镠为都团练使，成及为副使。成及是钱镠的主要部将，攻城略地之谋多出于成及，钱镠与之结为姻亲以巩固关系。另外钱镠还招罗了一批文武人才，以杜棱、阮结、顾全武等为将校，以沈崧、皮光业、林鼎、罗隐等为谋士。

景福二年（893），唐廷任钱镠为镇海军节度使、润州刺史，次年又加同中书门下平章事。乾宁二年（895），董昌在越州称大越罗平国皇帝，钱镠拒绝董昌的任命，向唐廷报告董昌的反状。于是唐昭宗下令削夺董昌的官爵，封钱镠为彭城郡王，以浙江东道招讨使的名义征讨董昌。钱镠既兼两镇，有精兵 3 万，占据杭、越等 13 州，形成割据势力。天复二年（902），唐廷封钱镠为越王。这一年其部将徐绾、许再思等发动叛乱，一度形势紧张。钱镠一面平叛，一面结好于杨行密，促其召回帮助徐绾作战的宣州节度使田頵，终于生擒徐绾，平定了叛乱。

唐天祐元年（904），"钱镠求封吴越王，朝廷不许。朱全忠为之言于执政，乃更封吴王"。907 年，朱温篡唐建立梁朝不久，钱镠首先派人到汴京祝贺，表示愿意称臣。朱温十分高兴，马上封他做吴越王兼淮南节度使，对梁可不称臣而称吴越国。于是钱镠由联杨转变为联梁攻杨。朱温则于开平二年（908）加钱镠守中书令，开平三年加守太保以示荣宠和拉拢。杨渥派周本等围攻苏州（今属江苏），结果为钱镠所败。乾化元年（911），加镠守尚书令，兼淮南、宣润等道四面行营都统。朱友圭上台时曾册尊钱镠为尚父，朱友贞于贞明三年（917）加钱镠天下兵马都元帅，开府置官属。次年，杨隆演攻取虔州（今江西赣州），阻断了吴越北上中原的陆路交通，钱镠就从海上入贡京师。梁末帝于龙德元年（921）赐镠"诏书不名"。

李存勖称帝建后唐，钱镠遣使到洛阳贡献，求赐金印玉册，后唐群臣都认为要求过分，但李存勖曲从其意，勉强答应。钱镠于是"以镇海、镇东军节度使名目授其子元瓘，自称吴越国王，命所居曰宫殿、府署曰朝廷，其参佐称臣，僭大朝百僚之号，但不改年号而已。伪行制册，加封爵于新罗、渤海，海中夷落亦皆遣使行封册焉"。后唐明宗即位之初，安重诲当权，钱镠遣使致书称"吴越国王谨致书于某官执事"，言辞悖慢，安重诲怒其无礼，削去钱镠的"元帅、尚父、国王之号，以太师致仕"。安重诲死后，李嗣源才恢复其原有官爵。

923年，李存勖称帝灭梁，钱镠也急遣使称臣，因而依然被封为吴越国王。

吴越与周边国家虽有些零星战事，但根本不会影响到吴越国内的生产，钱镠对国内治理也能兢兢业业，注重发展农业生产，兴修水利，被当地百姓称为"海龙王"。

钱镠据两浙41年。长兴三年（932）病逝，终年81岁，是五代十国中享年最高的君主。

钱元瓘，是钱镠第五子，曾自告奋勇地去淮南做人质。回国后又率水军屡与吴军作战，官至镇海、镇东等节度使。等到即位后，他对外向后唐称臣，以保平安，后晋建国，他又向后晋称臣纳贡；而对内则减免租税，休养生息。

941年，杭州发生大火，皇宫也被烧尽，钱元瓘因在大火中得了恐惧病，之后病死。

钱弘佐是钱元瓘第六子，钱弘佐即位时因年少，受到众将的轻视，因而接受命令时有怠慢之举，钱弘佐大怒，于是下令将怠慢者统统处死，一时众人肃然。

钱弘佐在位期间，为了缓和民愤，曾免租税三年，使得社会生产较发达。后来国政被丞相曹仲达、上统军使阚瑶与胡进思执掌，以后便逐渐成为傀儡。947年6月，因病去世。

钱弘倧是钱元瓘的第七子，在他即位后，未能改变权臣专政的局面，反而被执掌兵权的内牙统军使胡进思率军逼迫其退位，拥立其弟钱弘俶为王，钱弘倧被软禁20年后死去。

钱弘俶是钱元瓘第九子，因权臣胡进思率军威逼钱弘倧退位而即位。他上台后减免租税，整顿内政，迅速安定了国内局势。对外则向后周及后来的北宋称臣纳贡。

宋太祖即位后，他被召往开封，逼他献出吴越国的领地，于是978年，钱弘俶献地称臣，吴越国至此结束。

不做吴越王以后，钱弘俶的日子也不好过，作为寄人篱下的降国君王，自然会受到死亡的威胁，因此不得不谨慎克己，小心度日。每天早朝，钱弘俶一定会提前赶到宫门前等候。

有一天早晨，风雨交加，大臣和皇帝没有一人赶来上朝，只有钱弘俶父子二人依然如故，宋太祖看后怜悯地说道："你现在已经是中年人了，最好多避避风寒，我赦你从今天起，不用太早来入朝。"钱弘俶就靠这种小心谨慎，方才能够安度余生，直到988年他才病死。

闽国偏安，王审知创桃源

　　建立闽的闽王王审知，字信通，光州固始 (今河南固始) 人。祖上世代为农，到父亲王凭，依然是把汗水洒在田里的农夫。

　　王审知的哥哥叫王潮，在县里当吏，兄弟俩都有才有勇，知名于当地。时黄巢起义军攻进长安，带动各地起义风起云涌，寿州人王绪应着形势，自己拉了一帮人马，打进固始。王绪占领此地后，大力扩军，听人介绍起王氏兄弟，把他们招来在军中任职，以王潮为军官。

　　王绪兵微将寡，光靠自己的实力，很难长期割据固始这弹丸之地，他就和蔡州的秦宗权挂上了钩。秦宗权任命他为光州刺史，让他带所部合击黄巢。王绪惧怕黄巢，拖着不出兵。秦宗权恼怒了，发兵进攻固始。王绪无力抵挡，退出固始，南下另谋生路。他一路走，一路掳掠，进入闽地，部队壮大到数万人。

　　部队壮大得可观，内部的危机却日益增长。作为首领的王绪，尽管有着豪雄之风，但为人却气量狭小，猜忌成性，凡才干超过他的人，他都变着法儿给弄死。

　　众将官忧惧，王潮也忧惧，为免做冤死鬼，他大胆地对处境相同的将官说："我辈离弃祖坟、妻儿老小来当盗，原是为王绪所迫，并非出自本意。今王绪猜忌我等，将官中有才干者难逃一死，我辈朝不保夕，怎能图取大事！"

　　这一席话，说得彼此流泪涕泣，末了，他们抹干眼泪，决定除掉王绪。

　　他们选了壮士几十人，伏在鉴竹丛后，待王绪走来，冲出将他擒

拿住，囚于军中。王绪无面目再活下去，寻了短见。

众将官重择主帅，因王潮为谋事之首，且有出色的才略，前锋将推荐了他，并说：王潮对大家有活命之恩，应立为帅，众人一致同意。

王潮成了主帅后，和一批骨干歃血为盟，建立了核心集团，全面控制了军队。靠着这批骨干，更靠着自己的身体力行，他在军中迅速建立起威信，赢得了全军的拥戴。随之，他大抓军纪，革除掳掠习气，改善军民关系。

乱世难得这样的军队，王潮获得了当地的民心。王潮转战福建，受到民众的拥护。

时泉州刺史廖彦若为政残暴，毫无人性，治下之民苦不堪言，所辖之军也苦不堪言，然迫于他的淫威，无人敢出来反对他。当王潮军队路经其境时，泉州军民派出代表，前去和他洽谈，请他为民除害。泉州父老成群结队拦在路中，持着牛酒，要王潮别走。

泉州是福建的大城，又是海上贸易的重要港口，这样的地方，王潮本是求之不得，现见当地军民这样欢迎他，实在是喜出望外，于是打出吊民伐罪的旗号，将部队开到泉州城下。围城围了一年多，王潮率军开进了城内。

福建观察使陈岩承认了既成事实，任命王潮为泉州刺史。有了泉州，王潮有了一个很不错的根据地，他收编了泉州军，又平定了狼山的山大王薛蕴，极大地扩充了实力。拥有如此的实力，他开始打量起福建的其他地方。

福建的政治中心在福州，陈岩驻节于福州。陈岩病卒后，他的女婿范晖自称留后，接过了政权。早就对福州感兴趣的王潮，立即抓住这天赐良机，先表示了不承认的态度，然后命令王审知带领军队进攻福州。

福州城高墙厚，加上守军配备精良，战斗力强，王审知攻了很长的时间，牺牲了大批将士也没有任何进展。他扛不住了，要求大哥让他撤退，大哥的回答是不许。他请求大哥亲赴前线，并增以援军。大哥的答复是："等你的兵与将全部战尽了，我自会前来！"

这是道死命令，不容商量的死命令，王审知被逼到了绝境。兵法说：置之死地而后生。没了任何退路的王审知，亲自上阵督战，发起一次又一次的强攻。一年之后，城内终于食尽，守军杀了范晖，开门出降。

消息传来，王潮从泉州移治福州。此时，他已拥有福建五州，唐昭宗任他为威武军节度使、福建观察使。接到任命，他授王审知为副使。

王审知生相雄壮，高鼻方口，喜骑白马，军中呼为"白马三郎"。他当上第二号人物后，对大哥依然百依百顺，从不计较个人的委屈。有时，他犯有过失，被严厉的大哥大加捶挞，受打后，脸上没一点怨色。因其能干，有度量，又识大体，王潮对王审知赋予了最大的信任。他病重卧床不起后，竟然舍弃自己4个儿子不用，让王审知主持了军政事务。

王潮谢世后，王审知接替了兄位，唐廷封他为琅琊郡王。后来梁太祖在开封登基，晋封王审知为闽王。

将政治中心设在福州的王审知，对梁太祖的晋封之恩，投桃报李，以朝贡的形式，把梁朝认作宗主。时江、淮地区被与梁朝敌对的杨行密所占据，陆上交通断绝，贡使只得转道海上，从福、泉二州起航，至山东登、莱二州靠岸，再前往开封。海上风浪大，贡船容易出事，被倾覆者十有三四。尽管代价非常大，然王审知始终尽着这份义务。

在政权内部的人事安排上，为人谦和的王审知礼贤下士，重用流落福建的唐士大夫王淡、杨沂、徐寅等人，以期用他们的文化提高当地的文化，用他们的政治识见来建设政府。

王审知还兴学办校，尽力培养当地人才。

福建地力有限，王审知利用多港的地理优势，积极发展海上贸易，吸引各地客商前来经商。他的侄子王延彬为泉州长官，把海上贸易搞得红红火火，人称"招宝侍郎"。

最可称道的，是王审知的为政表现，他反对奢侈，带头过俭朴生活，以为官吏的表率；用才德兼备者为官，改善与民的关系；废除严

刑，轻徭薄赋，努力给民众创造休养生息的环境。王审知当政 30 年，一境安然。民众喜欢这个统治者，有一年，风雨雷电在海边黄崎劈出一个天然港口，人们认为这是王审知的德政所致。

在五代十国这段历史时期中，王审知是和其他君主有着最大区别的统治者。他的特点是天性比较温厚，以温厚被兄长王潮破例地定为继承人，又以温厚取得闽地的人心。他能打仗却不太喜欢打仗，崇尚文化，崇尚德政，崇尚和睦，崇尚俭朴，崇尚老百姓能过上安定日子的社会，别具一格地将福建营造成为乱世中的一个"小桃源"。

同光三年 (925)，王审知亡，长子王延翰 (嗣王) 继位。

次年，后唐发生巨变，王延翰以《史记·闽越王无诸传》为依据，建国称王，然仍用唐年号。他选了许多美貌的民间女子为妃，然被其性妒的正妻崔氏在一年之中害死了 84 人。王审知养子王延察长期与王延翰不和，另一子王延钧又因对所授官职不满，两人串通一气，此年年底，各以所部兵攻进福州，杀王延翰。事后，王延钧 (太宗) 得立。

王延察虽在此事上有过一番推让，然很快又与新主发生了冲突，长兴二年 (931)，以兵击王延钧，失败被杀。

次年，王延钧因向后唐求尚书令位不得，断绝了朝贡。他好鬼神，听信道士陈守元之言，建宝皇宫，避位让儿子王继鹏主事。长兴四年 (933) 复位称帝，以闽为国号，改元龙启，定都福州，并以福州为长乐府。

闽地局促，国用不足，国计使薛文杰以察阴事罗致富人罪，籍没其财以供君主用。王延钧好女色，且喜男风，制作九龙帐，以为淫乐。

王延钧淫，儿子王继鹏也淫，淫得乱伦，淫得父子相仇。永和元年 (935)，王继鹏发动政变，杀了王延钧。

王继鹏 (康宗) 立后，欲以敌国礼和后晋相处，使者遭到囚禁。他尊崇道教，道士陈守元、谭紫霄等借子虚乌有的"宝皇"之口，对他传达天命。他杀父登位，从而对宗室及功臣大加猜忌，大加诛戮；为增加钱财，竟让宠臣以空名堂牒卖官。禁军将领连重遇出于自保，于

通文四年 (939) 发动兵变，王继鹏狼狈出逃。

连重遇迎王审知少子王延羲 (景宗) 为君，新君出兵追杀了王继鹏。

王延羲重新修好对后晋的关系，以臣礼派使者朝贡。他貌明实昏，闻泉州刺史余廷英掠取良家妇女，欲问罪，得其双份为数千万的钱而作罢；滥铸大铁钱，以一当十，致使恶钱泛滥；因外甥李仁遇美姿仪，竟以色嬖之，任为相。

其弟建州节度使王延政，不承认王延羲的地位，几度出兵相攻，并于永隆五年 (943) 在建州 (今福建建瓯) 称帝 (天德帝)，以殷为国号，改元天德。

连重遇在失宠的李皇后的挑唆下，天德二年 (944)，趁王延羲出游，派壮士将他从马上给拉杀了。连重遇第二次兵变得手后，以王氏无道为由，宣布废除王氏政权，抬出他的亲家朱文进为君，改奉后晋年号，将在福州的王氏子孙尽行诛杀，用黄邵颇等三将分守泉、漳、汀三州。

泉州将留从效以王氏为号召，杀黄邵颇，迎宗室成员为刺史。漳、汀二州即刻响应，三州归附王延政。连重遇迫于形势，杀朱文进，传其首至建州，准备投王延政。福州将林文翰杀连重遇，谋迎王延政入福州。

天德三年 (945)，南唐见闽大乱，出兵进攻，福州将李仁达杀死主守福州的王延政儿子王继昌，向南唐投降，被任为威武军节度使。

与此同时，无力抵抗的王延政归顺了南唐，被迁至金陵，闽遂亡。

李爆以泉州为清源军，任命留从效为节度使。令李仁达入朝，李仁达拒绝，转投吴越。留从效逐南唐军，据泉、漳二州。李曦为保持闽地在名义上为南唐所有，封留从效为晋江王。后周时，留从效要求向中原内附，周世宗因战略考虑而予以否定，只得仍臣南唐。

北宋建隆二年 (961)，留从效病死，部将陈洪继任，随着南唐的灭亡，陈洪将版图献给了宋朝。

保境安民，英雄马殷建楚

马殷，字霸图，许州鄢陵（今河南鄢陵）人。他出身很特别，年轻时做木匠谋生，但在战乱年代，木匠也不好做，他只好和许多人一样也投军从戎，到了秦宗权的军中，成了秦宗权部将孙儒的一员偏将。

不久，马殷便随军南下。当时秦宗权和杨行密正在争夺淮南地区，秦宗权派弟弟秦宗衡率领孙儒、刘建峰等将领渡过淮河，攻打广陵（今江苏扬州）。孙儒由于不满秦宗衡的指挥，就将他杀死了，然后自己掌握了军队，继续和杨行密交战。马殷则跟随刘建峰奉命到其他地方征集粮草，供应大部队。后来，孙儒阵亡，所部大部分被杨行密收编。马殷和其他将领便推举刘建峰为首领，马殷任先锋，一起转战到江西一带，占领了洪州（今江西南昌）、鄂州（今湖北武昌）、潭州（今湖南长沙）等地，占领了湖南的中心地区。唐僖宗封刘建峰为湖南节度使，马殷为马步军都指挥使。

原来的湖南降将蒋勋向刘建峰要刺史做，被拒绝后便发兵叛乱，马殷奉命前去镇压。在马殷出征的时候刘建峰又出事了，刘建峰看中了一个士卒的美貌妻子，与她通奸，被士卒发动兵变杀死。将士们商量后决定推举行军司马张佶为帅，张佶说自己没有帅才，才能比不过马殷，让大家以马殷为帅。众将同意了，派人到前线去迎回马殷。

马殷当了主帅后，没有辜负张佶的推举，也没有让将士们失望。上任开始便将发动兵变的士卒处死，以肃军纪。然后他派兵征讨各地的割据势力，时间不长便将湖南基本上纳入了自己的统治范围，在湖南建立了一个独立王国。

马殷占据了湖南后，又乘势向外扩张。他将进攻方向定在了广西，发兵前他派人招抚桂州的刘士政，但使臣被刘士政阻止在全义岭前，于是马殷派属将李琼领兵出击。李琼攻陷了全义岭，又占领桂州，俘虏刘士政，桂州也归马殷所有了。

接着，马殷又将进攻的矛头指向了北面。当时，杨行密派刘存攻打鄂州的杜洪，马殷派秦彦晖领兵支援，因为鄂州是湖南的一个屏障，鄂州一失，湖南也就受到了杨行密的威胁。杜洪阵亡后，刘存进攻马殷，马殷便沿江布防，埋下伏兵，将刘存杀得大败，刘存请求讲和。秦彦晖反对说："淮人很狡诈，他们这是想麻痹我们，绝不能听信！"马殷便回绝了，率军水陆夹攻，刘存军队大败，刘存也被杀。此后，岳州（今湖南岳阳）也被马殷占领。

湖南的朗州（今湖南常德）当时被雷彦恭占据，还没有统一，雷彦恭乘人之危，在杨行密攻打杜洪，荆南派重兵相救时，他偷袭了荆南的中心荆州，掠夺之后还把城给烧了。得手后，他又和杨行密一起阻断长江交通，断绝了岭南和北方的联系。马殷和荆南的继承人高季兴联合进攻朗州，几年后终于平定，雷彦恭也被俘获。

在朱温称帝后，马殷随即宣布承认，派人进贡以示臣服。朱温则投桃报李，封他为楚王。

马殷四处征讨，以及承认中原政权，都是听从了他的谋士高郁的计谋。最初，马殷刚在湖南立足时，问高郁稳定局势以及以后发展的战略，高郁说："荆南地域狭小，不足为患，南方的刘陟也只是想独占岭南而已。东边的杨行密是我们的死敌，以财物相送他也不会与我们和好。我们应当尊奉中原王朝，以成就我们的霸业。现在的做法应是恭奉朝廷，以求官爵，然后兴农练兵，积蓄力量待机发展。"马殷采纳了高郁的计策，对中原称臣，然后借势对抗周围的敌对势力，寻找机会扩大自己的地盘。以后杨行密几次邀他一起对抗朱温他都坚定地回绝了，连在杨行密身边任职的马殷的弟弟被杨送回潭州，以示友好时，马殷还对劝他的弟弟厉声说："杨王不尊敬天子，一旦朝廷发兵讨伐，我们就会被连累，你不要再说了，免得招惹祸端。"

做了楚王，马殷非常高兴，因为这和实际的独立王国没有什么区别。他又请求朱温准许他设立天策府，任命官员。这对朱温的帝位没什么妨碍，所以朱温也顺水推舟，做了个人情，还封他为天册上将军。马殷于是开府设官，将他的楚地系统地管理起来。

马殷在湖南基本上实行的是保境安民的政策，和吴国的几次战争也是对方先发动进攻的。对于北边的荆南，马殷也只进行了相当有效的战争。有一年，马殷派大将王环领兵进攻荆南，王环连战连胜，势如破竹，几乎要灭掉荆南了，但荆南高季兴派人求和后，王环却答应了，然后班师回来。马殷责备王环为什么不乘胜夺取荆南，王环却说："荆南处于中原和吴、楚、蜀之间，是个兵家激烈争夺的四战之地，我们不能夺取，应该让它存在，作为我们的屏障。"马殷听了，马上转怒为喜，对王环的精辟见解非常佩服。

马殷在湖南也采取措施发展农业生产，减轻百姓的赋税。为此他下令百姓可以用帛代替钱缴纳赋税，这样做一举两得，一是减少了官吏加重赋税的机会，二是促进了湖南的桑蚕业的发展。马殷还根据本地的优势，将茶叶生产当作重要经济作物来大量种植，以此加快地方经济的发展。他采取措施鼓励百姓种茶树，制茶卖茶到中原地区，提高人民的生活水平。他还在洛阳和开封以及襄州（今湖北襄阳）、复州（今湖北天门）等地设置了专门机构经营管理茶叶贸易，不但使百姓受益，楚国也充实了国库。除了政府管理的贸易外，马殷还允许百姓在境内自由经营茶叶，从而吸引各地的茶商纷纷到楚国来，然后再从中收税。有了大量的茶叶，向中原进贡时也就不用珠宝珍玩了，进献大量茶叶即可，这又节省了巨额钱财。

马殷的经济措施也很独特，为了使本地产品能大量销售出去，除了茶税，他免掉了其他的税收，使大批客商涌入楚地经商。商人来了，马殷又进一步采取非常聪明的一项货币措施：他在楚国制造铁钱流通，而且规定铁钱对铜钱的兑换比例为一比十，而在楚国之外，铁钱很不值钱，这就逼着客商们在楚国赚了钱后不得不换成其他楚国的产品带走，这从根本上达到了促进本地产品销售的目的。

楚国的经济因此非常繁荣，马殷对百姓也算做了不少好事。

后梁被后唐灭掉后，马殷反应很快，他又宣布承认了后唐，派儿子马希范到洛阳进贡称臣。马希范很聪明，在李存勖狡猾地问洞庭湖有多大时，他就机智地说："如果陛下驾临此地，湖水也只够饮马用了。"以此暗示李存勖的后唐势力强大。

李存勖听了很高兴，他又抚摸着马希范的背阴险地说："朕听说以后马家的政权要被高郁夺取，马殷有你这样出色的儿子，他高郁怎么会得逞呢？"马希范记住了李存勖的这句话，回来之后便开始对付高郁。

高郁自觉对马殷的政权立下了奇功，就很狂妄自大，对马希范也不怎么恭敬。马希范从中原回来后，为绝后患，就对高郁下了手，也为以后自己继位扫清道路，免受高郁这样的重臣的约束。马希范先利用自己手中的军事权力解除了高郁的军职，然后又假传圣旨诬陷高郁谋反，将他全族都处死了。

马殷这时年纪已经很大了，在被后唐明宗封为"楚国王"后，就把权力交给了儿子，自己很少处理政务了。但听说有功的旧臣高郁被儿子杀死后，悲痛不已，捶胸大哭："我又老又无能，竟然连自己的功臣都没能保住，事到如今，我也没多少阳寿啦！"

马殷在他79岁的时候撒手西去，后唐明宗罢朝三天来悼念马殷这个忠于后唐的臣子，还下诏说："马殷的官爵已经很高了，没什么更高的官爵相赠，就赠他个武穆的谥号吧。"在封建社会，这个谥号极少有人能得到，评价是最高的，像岳飞死后得的就是这个谥号。

马殷死后，儿子马希声、马希范等相继掌权，马希声遵从父亲的遗命，不再称楚国，而是降低规格，恢复了节度使的称号，将楚政权延续了21年。最后，马希萼投降了南唐，十国之一的楚国正式灭亡。

血染刀锋，蛮刘陟建南汉

建立南汉的刘陟，登位后几度改名，分别为岩、龚、龑、仁蔡 (今属河南) 人。祖父刘安仁，迁居闽地，因往南海经商，复定居南海。父亲刘谦，唐末参加广州部队，从低级军官一直做到封州 (今广东德庆) 刺史，手下有兵万人，战舰百多艘。兄长刘隐继承父业，并将其发扬光大，被后梁封为南海王，成为两广地区的割据者。

刘陟是刘谦的非婚生子，母亲段氏将他生在了外面。刘谦的正室韦氏是唐宰相韦宙的女儿，听到消息后，气得令人把刘陟抢来，拔剑要杀他，然而仔细一看，却见这个婴儿生得很是不错，立即转变了念头，将他收为己子。三天之后，把段氏给杀了。

刘陟排行第三，长大成人后，精于骑射，身材魁梧，据说还像刘备那样两手过膝。当时他大哥刘隐已干得相当出色，他靠着大哥谋得了显要的职位。刘隐取得清海军节度使之位后，他当上了副使，一起经营着南海地区。

天下大乱，南海地区也大乱，刘隐虽说是南海王，却根本不能全面控制这个地区：交州曲颖、桂州刘士政、邕州叶广略、容州庞巨昭均各自为政，打出独立的旗号；卢光稠与其弟卢光睦、子卢延昌分据虔、潮、韶三州，不时以兵相犯；高州刘昌鲁、新州刘潜以及许多地方势力，也不听调遣。

为收拾这些异己势力，把南海王当得名副其实，刘隐决定先向韶州进攻，以实现军事突破。

对此战略部署，刘陟表示了不同意见，他说："韶州是卢延昌所据，他依靠的是其父卢光稠。如击韶州，虔州军必救应，如此，我军将首尾受敌。依我之见，韶州不宜直攻而应计取。"

刘隐不听，坚持己见，结果大败而归。

大败而归的刘隐，服了这个同父异母弟弟，将军事讨伐全权交给了他。刘䶮接受使命后，调整了军事攻击的箭头：先易后难，先弱后强。不久，除了少数地方外，各独立和半独立势力被一一平定。

刘隐死后，南海王的桂冠落到了刘䶮的头上。

第二任南海王刘䶮继位之初，一边继续对本地用兵，收服各种割据势力，将他的旗帜插遍境内；一边继承刘隐的外交路线，向后梁称臣，以换取政治支持。

向后梁称臣，本非心甘情愿的事，不过是为了得到后梁的承认，以显示自己是正统的地方政权而已。

待到钱镠被后梁册为吴越王后，刘䶮耻于南海王的封号，对日益衰弱的后梁产生了极大的不满，愤恨地说："中原正值多事之秋，真搞不清谁是真主，我岂能万里远航去臣事伪廷！"

贞明三年 (917)，刘䶮终止了和后梁的君臣关系，登上皇位，建国号大越，改元乾亨，定都广州。次年，改己名为岩，改国号为汉，史称南汉。

在对外关系上，刘䶮和两国结成了政治联姻：一个是楚，他娶楚王马殷之女为妻，先封为越国夫人，后册封为皇后；一个是南诏，他把女儿增城公主嫁给南诏王郑仁旻为妻。通过联姻，他为南汉分别在北面和西南设计了两道屏障。

对于中原政权，他在登位之后就没和后梁来往过，待到后唐庄宗把后梁灭掉后，他听闻后唐军事实力极为强大，出于畏惧而派使者前去沟通关系，称"大汉国主致书大唐皇帝"，言辞相当恭敬。使者见了后唐庄宗，说是本国已准备好了大批贡物，至秋即当送来。

可使者返回叙职时却说：后唐政治紊乱，不久将乱，根本无力南顾。刘䶮听了，自大的感觉上来了，立即下令停止进贡。

南海多少数民族，在这块土地上称王称帝，刘䶮的心态是极复杂

的，自大和自卑难分难解。他耻为蛮夷之王，常对北方人说，他的家乡是咸阳，他绝非本地人。与此同时，他又狂妄得很，把后唐天子贬称为"洛州刺史"，意谓其土地少得可怜，控制力非常有限。

在内部的政治建设上，刘陟继承了刘隐的作风，依靠的是北方人：被流放本地的唐名臣子孙，及遭乱来此避难的士人。他不但依靠他们，而且给予了极大的宽容。宰相赵光撤自以为出身唐代高门大族，不得已奉事僭伪小朝廷，心里很是不快，总想回北方。刘陟看出症候后，令人伪造他的手迹，把他的家属从洛阳全部接来，令他感动得从此尽心尽力。大臣王定保反对建国，刘陟派他出使荆南，等他回来，木已成舟，王定保出言讥讽，刘陟毫不计较，一笑了之。

刘陟聪明且悟性高，政治上颇有一套，办成了许多难办之事。然而他性格残酷，治民喜用刀锯、肢解、剖剔、炮烙、截舌、灌鼻等令人毛骨悚然的刑法。他每见杀人，都高兴得眉飞色舞，嘴中咿咿呀呀，口水直流，被人认为是怪物投胎。南海民众，如置于炉火之上。

他生活奢侈，大肆搜刮民财，为显示富有，他聚收南海珍宝，建筑玉堂珠殿，上面饰以金碧羽翠，弄得如同人间仙境。外地客商经过，他常召之观看，自夸壮丽，以满足虚荣心。

他好《周易》，遇有大事必以此书求解。他改名龚后，时有胡僧说："根据诚书讲，灭刘氏者龚也。"他恐此名将破国败家，遂根据《周易》中"一吃龙在天"之句，自造"龑"字为名。楚军攻封州，本军大败，他又拿出《周易》占卜，得到的是"大有"，由此改元大有，大赦境内。

刘陟在位时，有件事对后来的历史发生了重大影响：大有十年(937)，属于南汉的交州 (今越南北部) 长官杨廷艺被部将皎公羡所杀，皎公羡自立为主。杨廷艺旧将吴权领兵攻击皎公羡。皎公羡向刘陟求救。刘陟封儿子刘洪操为交王，以救援之名发动大军进攻吴权。经过激烈的海战，南汉军大败，刘洪操战死，刘陟只得收拾余众撤退。

刘陟临死前对继承人的安排充满忧虑，说："奈何我子孙不肖，后世将如鼠入牛角，势必越来越小！"继承人给他定庙号，称为高祖。

刘陟称得上是个乱世英雄，懂得军事之道，善于用武力却不迷信武力，为刘隐割据南海立下了显赫的战功。他登台之后，制定了灵活主动的对外政策，根据天下形势不断变化，维护了南汉政权的利益和体面。对于政权建设，他全盘使用有高度文化的北方人，为提高当地的文化水平起了一定的作用。然而，他过于奢侈、残忍，把治下的民众推进了水火之中。

大有十五年 (942)，刘陟死后，其第三子刘洪度 (殇帝) 继位。

刘洪度是在统治集团内部矛盾非常尖锐的情况下登台的，为防不测，他猜忌兄弟，猜忌群臣，用宦官加以防范。他本身的生活极为糜烂，常与倡妇微行，命男女裸体相观看。

这年，爆发了以张遇贤为首的农民起义。南汉军队征讨无力，起义军攻克循州后，进入江西，被南唐军队所镇压。

光天二年 (943)，刘洪度被其弟刘晟所杀，刘晟自立为帝 (中宗)。

这个杀兄而得位的君主，为避免自己重蹈刘洪度的覆辙，大开杀戒，把 15 个弟弟送上了黄泉路。他好刑嗜杀，用"生地狱"肆虐臣民，以"斩瓜试剑"戏杀宫女。他挥霍无度，为满足需求，竟出动水师到海上劫掠商人的财货。

他广筑宫殿，建离宫千余间。他疏远朝臣，重用宦官和宫女，让宫女卢琼仙、黄琼芝等十几人身着朝服冠带，临廷参政。

为扩大领土，他对楚展开大规模的用兵，乾和七年 (950)，攻取昭州 (今广西平乐)。两年后，趁南唐灭楚之际，再取宜、连等八州，将边界推至广西和湖南南部。

乾和十五年 (958)，刘晟长子刘继兴继位 (后主)。

刘继兴继承了父亲的用人方针，并发展到登峰造极，让宦官和宫女主掌政权。他审览奏章，必以卢琼仙之言为定否。卢琼仙结交宦官龚澄枢、陈延寿，秉握政柄。刘继兴信鬼神，尊崇自称玉皇大帝附身的女巫樊胡子。此辈互相呼应，把朝政搞得乌烟瘴气。

他相信宦官竟到了荒唐的地步，如要起用某个人，必阉割后再使用，甚至对待新科状元也是如法炮制。

他大造华楼，大贪女色，大征苛税，大用酷刑，比他的父亲有过之而无不及，整个境内怨声载道。

大宝三年 (960)，刘继兴拒绝了宋太祖让李后主所写的劝降信。

开宝四年 (971)，宋军长驱直入，包围了广州城，刘继兴开门出降，南汉灭亡。

无赖君王，高季兴建荆南

高季兴，陕州硖石（今河南三门峡东南）人，字贻孙，原名季昌，在后唐庄宗继位后，为了避讳李存勖的祖父李国昌的名字，改名为季兴。

高季兴从小就离开了父母，到汴州商人李让李三郎家里当家童，他相貌出众，而且机智过人。在朱温占领汴州后，李三郎主动送去大批财物犒军，以求得朱温的庇护。朱温收李三郎为养子，让李三郎改名为朱友让。高季兴也有机会见到了朱温，朱温见他异常聪明伶俐，长相出众，非常高兴，便让朱友让收他为养子，也改姓朱。

凭借着事实上的养孙关系，高季兴进入了朱温军队中任职，不久便升为牙将，经常在朱温的身边担任护卫的重任。

后来朱温和割据凤翔的李茂贞争夺对唐昭宗的控制权，朱温发兵围攻凤翔城，长时间无法攻下。朱温便想撤兵，众将攻城很疲惫，也主张先撤兵，以后寻机再战。这时，高季兴却站出来说："现在天下的豪杰们关注此事已经一年了，不应仓促撤兵，敌军和我们一样疲惫，城破就在旦夕之间。大王担心的只是敌方总是闭门不出，以消耗我们的给养和士气。这不难对付，我有办法可以将敌人引出来。"

正在发愁的朱温闻听此言，兴致马上来了，便让高季兴负责此事。高季兴早已物色好了人选，高季兴带着马景去见朱温，马景向朱温说，这次去诱敌，很难活着回来，希望能照顾他的亲属。朱温答应了他，马景便来到城门下，向着城头高喊："汴军就要东撤啦！先头部队已经出发了。"守城的将官听了，以为汴军久攻不下，真的撤退了，打开城门想出城追歼汴军。马景见状，飞快地冲了过去，埋伏在后边的汴军也杀出来，一举攻进城内，歼灭城内守军9000多人。这一仗大挫李茂贞军的锐气，李茂贞无力再守，杀掉一些宦官，和朱温讲和，并将唐昭宗送了出来。

高季兴立下大功，朱温和众将士从此对他刮目相看，回到长安后，唐昭宗赐给高季兴"迎銮毅勇功臣"的荣誉称号。

不久高季兴又被任命为宋州刺史，做了朱温老家的地方官员，可见朱温对他也非常器重。后来他又随朱温扫平了青州（今山东益都），因功升任颖州（今安徽阜阳）防御使，并复姓高氏。在朱温收复荆南后，高季兴又被任命为荆南留守，从此高季兴便以荆南为根据地，经营起他新的人生。

荆南就是以荆州（今湖北江陵）为中心的湖北南部的一部分地方，因为此地可以西进蜀地，又连接中原和南方，在军事上战略地位极高。朱温派兵从割据的赵匡明手中收复后，便给了功臣高季兴。

高季兴上任时，荆南已经成了一片破败之地，长年的战火使当地的百姓逃亡得所剩无几。高季兴安定下来后，立即开展工作，他首先建立了完整的军政机构，管理地方事务，像梁震等人被他招至身边做了谋士，辅佐他将当地经济推上了正轨。朱温听说了他的政绩，下令嘉奖他。

梁震本是四川人，考中进士后因为遇上战乱流落到荆南避祸。在当地他以智谋出名，高季兴听说后便请他出来帮助自己治理荆南，开始想让他做自己属下的要职判官。但梁震心里不愿意在荆南这个小小的地方政权中做事，但在高季兴的面前又不好说出来。他便说不担任任何职务，只以"白衣"（即做官之前的读书人）的身份帮高季兴处

理政务。高季兴见他愿意帮忙，就答应了，对梁震高季兴异常尊敬，称他为前辈。梁震却总是以"前进士"自称，不肯认同荆南官府。

因为高季兴治理成效显著，朱温便正式任命他为荆南节度使。朱温在世时高季兴没有什么动作，等朱温一死，后梁走向衰落时，高季兴便开始有了独立一方的计划。整顿扩充军队，加固城池，又大量征收赋税，储备军需，他还暗中向吴和蜀称臣，请求它们支持自己。然后高季兴便发兵扩充领土，但他的军队很不争气，两次出兵都以失败而告终。

地方没有到手，高季兴却损兵折将，他一气之下停止了对后梁的供奉。梁末帝朱友贞没能力控制他，只能再施加恩惠笼络，封他为渤海王。

后唐取代后梁，唐庄宗的威望如日中天，割据政权多遣使前去向他致意。为讨好中原新天子，司空熏等大臣劝高季兴亲赴洛阳，可梁震反对，说："大王本是梁朝故臣，而梁、唐血战20年，世为仇敌。今天子新灭梁，恐余怒未息。再说，大王握强兵，据重镇，一旦入朝，难免为其所虏。"

高季兴不听，以精骑300为卫队，去了洛阳。唐庄宗召见他后，果然不出梁震所料，准备将他扣留下来，幸得郭崇韬以信义相劝，才使他得以脱免。

相见时，唐庄宗问他："我已灭梁，准备再征吴、蜀，你看应以何者为先？"

高季兴的回答是："宜先征蜀，臣当以本部兵为前锋。"

唐庄宗闻言大喜，用手抚其背，以示满意。

高季兴走了，走到襄州，尚未出唐境，忽然心动，疑唐庄宗有变，连夜出关去。事实确也如此，唐庄宗在高季兴走后，后悔没将他留下，传令襄州守将把他截住，然命令到达时，他已经逃出境外。

回到荆州，高季兴侥幸地对梁震说："不听前辈之言，险些回不来。我此行彼此各有一失，我往朝是一失，彼放我也是一失。新天子自矜得很，他靠众将士百战而得河南，却说自己犹如手抄《春秋》，并说于手指上得天下，把功全归于自己一人，拿功臣不当回事。此外，他好游猎，政事多废。如此，我可高枕无忧了。"

话是这样说，高季兴出于对外宣传的需要，找来绣工，将唐庄宗按在他背上的手印绣下，到处夸耀。

同光三年 (925)，高季兴被唐庄宗封为南平王。有了这封号，高季兴俨然成了国王。

荆南政治中心设在江陵，地狭兵弱，夹在吴、楚之间，是一小国。境内出产不多，经济力量非常有限，当南汉、闽、楚等国遣使向中原运送贡品途经其境时，高季兴采取强盗行径，常强行扣留，占为己有。人家发书函谴责，或发兵打上门，他则将财货退还，毫无羞愧之色。后唐魏王李继岌平蜀后，将蜀中金帛 40 多万输往中原，船经荆南，正值唐庄宗死于政变，他趁机全部夺了过来。

后唐明宗登位，高季兴要求将夔、忠、归、峡等州划入他的辖内。唐明宗表面答应，实际却派出了自己委任的刺史，由此两下闹了起来，终于兵戎相见，结果，高季兴大亏，仅剩下荆、归、峡三州。他拿这三州依附了吴，被册为秦王。

高季兴割据荆南，和有些割据者从下层打出来不一样，而是作为后梁的封疆大吏，逐渐脱离朝廷而独立。他在荆南割地称王，有着主客观两重因素：主观因素是，此地完全是靠他白手起家，苦心经营出来的，从而在心理上将其视为己有；客观因素是，中原朝廷多变故，对他失去了控制力。

天成三年 (928)，71 岁的高季兴扔下了权杖，他的长子高从海 (文献王) 继位。

高从海为人机敏，多权数，考虑到后唐势力强大，从而对父亲的外交方针做了修正，以赎罪银 3000 两，重新臣事于后唐。长兴三年 (932)，受封渤海王，应顺元年 (934)，晋封南平王。后晋大将李从进叛，结高从海为援，李从进被晋高祖镇压后，高从海欲讨邱州 (今湖北武昌) 为属，遭拒绝。后汉高祖得天下，高从海再讨邱州，又被拒绝，发兵进攻郢州，兵败城下。

乾祐元年 (948)，高从海的第三子高保融 (贞懿王) 继位。

在高保融执政期间，荆南和后周的关系趋向至好的地步。周世宗征南唐，高保融一边出兵相应，一边遣使劝李煜归顺。此后，荆南每年向后周进贡，从无间断，并派其弟高保绅前去朝见。高保融性格有些迂，缺乏才干，政事无论大小全都委托给其弟高保勖。宋朝建立，高保融大惧，一年进贡三次。

北宋建隆元年 (960)，高从海第十子高保勖继位。两年后，高保勖得病，用其子高继冲判内外兵马。建隆三年 (962)，高继冲继位。次年，宋太祖发兵征湖南，军经荆南，高继冲封库出迎，自请内附。九月，举族迁至开封，荆南的历史至此结束。

屡败屡战，蠢刘崇建北汉

刘崇，沙陀部人，后汉高祖刘知远的弟弟，后改名为刘文。刘崇长相出众，有一副美髯，而且重瞳。刘崇年轻的时候嗜酒成性，又喜好赌博，基本上也是个无赖。在他 20 岁时应募到河东李克用的军队中，后来升为军校。

刘崇自己并没有多少本事，能力也欠缺，但他有哥哥刘知远的提拔，因此升得很快，在刘知远做河东节度使的时候，就提拔他为河东马步军都指挥使，居于哥哥之下，做了第二号人物，专管军事事务。

等契丹灭掉后晋，刘知远起兵太原，最后做了后汉皇帝。刘知远领兵南下，驱逐了契丹势力，夺取开封后，便以开封为首都，将原来河东这块根据地交给了弟弟刘崐掌管，以太原为北京，任命他为北京留守，又加授等同于宰相的同平章事职衔以示恩宠。

刘知远在的时候，兄弟之间没有什么隔阂与矛盾，等他的侄子后汉隐帝继位后，情况就发生了变化，郭威等一些元老功臣开始把持朝政。虽然他们也给刘崇许多很高的荣誉职衔，如检校太师，兼侍中，兼中书令，但他和郭威等人的矛盾却日益加深，郭威等人对于他这个权势极大的皇亲也很不放心，双方的猜疑使得他们的关系逐渐紧张起来。

等郭威平定三地叛乱后，刘崇对郭威更加畏忌了，他向谋士们问怎么办，判官郑珙向他献出了固守河东的大计："现在看来，汉朝江山以后必会大乱，我们太原将士原来就名扬天下，再加上地形险要，易守难攻。单凭我们的辖地就能供应军需，您要当机立断，定下大计，固守河东，做到有备无患，以防将来被他人所制。"刘崇听了，高兴地说："先生所言正是我的想法。"

随即便下令停止向朝廷进奉租税、财物，全部留下归入自己的府库。然后刘崇便招募一些亡命之徒充实军队实力，又储存大量的兵甲装备。朝廷的命令他也不再听从了，专心固守河东，为积累钱财防备以后的战争，刘崇又加重了对百姓的赋税征收，使百姓苦不堪言。

刘崇名义上还和后汉朝廷保持着君臣关系，但他的所作所为却将河东建成了自己的小王国。郭威等人对他也无能为力，加上朝廷内部斗争激烈也无精力处理河东的事情。

后汉隐帝在郭威到邺都驻守后，发动政变杀死了史弘肇等人，郭威起兵讨伐，隐帝出战身亡。郭威攻进开封后，为稳定局势和人心，没有立即称帝，而是让太后出面处理一些大事，自己在幕后操纵，为掩人耳目，郭威还派人到徐州去请刘崇的儿子刘赟，说是要让他继位。

当时，有点政治头脑的人都看出了郭威的用意，知道郭威在耍花招，蒙骗舆论。刘崇在这方面政治经验很少，他看不出郭威这样做的意图，还天真地认为自己可以高枕无忧了，他喜形于色地说："我儿要做皇帝了，我还有什么担心的呢！"身边的谋士们提醒他小心，早做准备，他根本听不进去。但刘崇还算有点心眼，为探听虚实，他派人到开封去了解情况。

郭威面对刘崇的使者，知道了刘崇派人来的意图，便用手指了指自己在身份低微时脖颈上刺的飞雀，说："自古以来哪有雕青的天子，你回去告诉刘公，请不要猜疑我，我对朝廷没有二心。"刘崇听了使者的报告，更加相信了，心里想着以后可以凭借儿子的帝位获得更大的荣耀了。

刘崇的属下李骧站出来提醒他："郭威发兵犯上，他不会甘心做臣子的，更不可能让刘姓人做皇帝，我们应该出兵太行山，把守关口观察事态发展，等刘赟登基后，我们再撤兵回来。"刘崇听了不但不感激李骧的提醒，反而大骂："李骧！你这个臭儒生，想挑拨我们父子关系吗！"刘崇命人将李骧推出门外斩首，李骧悲愤地叹道："我为愚蠢的人谋划大事，真是该死！但我的妻子有病，没法自己生存，请她与我同死。"刘崇便将李骧和他的妻子都杀死了。

刘崇冤杀了李骧没多久，郭威便称帝了，还派人将刘崇的儿子杀死。刘崇闻讯，这才彻底醒悟过来，但已经晚了，他为李骧建了祠堂，年年供奉进香。然后和郭威对立为敌，自己紧跟着也称帝，沿用后汉的国号和年号，刘崇建的政权历史上称为北汉。

刘崇为报杀子之仇，也和石敬瑭一样联合契丹，但他比石敬瑭稍微聪明一点，没有做儿皇帝，在契丹要和他以父子相称时他反对，最后确定了叔侄关系，契丹将刘崇封为大汉神武皇帝，还赏赐给他一匹黄骝马。

得到了契丹的大力支持，刘崇便发兵向郭威问罪了。在契丹精锐骑兵的帮助下，刘崇大举进攻后周边界两州，结果在相持60多天后被后周大将王峻击溃，刘崇向太原败退途中，又遇上大雪，士卒棉衣缺乏，粮食又不足，冻饿而死的有十分之三四。

第一次出兵失败了，刘崇并不死心，第二年，他又领兵出战，先派3000兵马攻打府州（今陕西府谷），这次又被后周将领打得大败而归，岢岚（今山西岢岚）的守军也被后周歼灭。

北汉领土狭小，国力也很弱，加上供奉契丹大批财物，赋税又重，使得民不聊生，纷纷逃亡到后周境内。

两次出兵都以失败告终，刘崇还不死心，恰好这年郭威病死，刘崇以为有了出兵击败后周的大好时机，于是请求契丹发兵支援，一起攻打后周。契丹派杨衮率领 5 万军队，号称 10 万来助刘崇。

刘崇先派大将张元徽为先锋，自己率领大部队跟进，包围了潞州（今山西长治），张元徽初战告捷，然后刘崇领兵继续进攻。

后周世宗柴荣也领兵亲征，在高平和刘崇展开了激战。

刘崇见后周军队较少，便轻敌了，杨衮提醒他要谨慎，他却抚弄着自己的美髯说："机不可失，不要乱说，且看我如何退敌！"杨衮气得将军队带到一边观战。

刘崇命令东边的张元徽出击，大臣王得中劝他说："现在南风很大，对我军不利，应暂缓出兵。"

刘崇张嘴骂道："你个老东西，别丧我士气！"

刘崇下令出击，张元徽先取得胜利，俘获后周几千降卒，柴荣见状亲临战场冲杀，赵匡胤等将领也领兵拼死搏杀，结果刘崇的军队被打得大败，杨衮在一边见后周军队气盛，也不敢上来支援刘崇，加上杨衮还在恨刘崇无礼对待他，就坐视刘崇战败，自己带着军队回北方了。

刘崇拼命逃往太原，但晚上又迷了路，找了个向导，又走错了一百多里，恼怒之下杀死了向导继续逃命，中间在一个地方刚拿起筷子要吃饭，听说后周追兵将到，又仓皇出逃，狼狈至极。在契丹送的黄骠马上，刘崇没法动弹，恐惧加上年老体弱，到了太原几乎要散了架子。为感谢黄骠马的救命之恩，他专门给它建了一个马厩，给它身上装饰了金银，还让它吃三品官的饭食，封它为"自在将军"。

柴荣领兵追到太原城下，将其围困了很长时间，幸好契丹军队又来增援解围。柴荣因为阴雨连绵不停，士卒得病的很多，只好撤兵而去，太原这才转危为安，但刘崇因为恐惧和忧虑而得了病。三战三败，第三次还差一点丢了性命，刘崇惊吓得一年后便病死了，终年 60 岁。

刘崇的儿子刘承钧继位，甘做契丹的儿皇帝，但他做事比刘崇多了一些主见，因此常被契丹侮辱。后来刘承钧的养子刘继元继位，残

忍地杀死了刘氏全部后代。等到北宋太平兴国四年（979），刘继元投降了北宋，北汉灭亡。

宋太宗没有杀刘继元，对他礼遇很重，宋太宗说："原来晋公司马昭戏问刘禅，是不仁义之举，亡国之君都是懦弱之人，如果有远见卓识又怎么会亡国呢。应该怜悯他们，何必又戏弄侮辱他呢？刘继元是朕所俘之人，待他即使像宾客一样还是怕不能抚慰其心，更不用说侮辱加害了。"但这是对甘心做亡国之君的刘继元，对于填词表示亡国之痛又让伶人奏乐借酒浇愁的李煜，宋太宗就不那么仁慈了。

第五章

契丹崛起，南侵中原

　　恰值中原混战不休的时候，北方的少数民族开始有了新的发展。契丹族崛起并统一了北方少数民族地区，为少数民族的融合和发展做出了贡献。从耶律阿保机到耶律德光再到其后世子孙，俱是人物。当其政权得到巩固之后，契丹族的统治者开始不安于室，伺机入侵中原，以图壮大。

智勇双全，阿保机定北疆

　　阿保机全名是耶律阿保机，也就是辽太祖，小名啜里只，汉名为亿。阿保机对于契丹民族的发展起到了极其重要的作用，被视为契丹族的民族英雄。他以超群的谋略和卓越的政治军事才能，完成了中国北方地区的统一，为北方少数民族的发展做出了重大贡献。

　　契丹族是我国北方很古老的少数民族之一，原来属于东胡族系，论起源则是源自东胡的一个支系鲜卑。而鲜卑中又有一个宇文部，契丹就是这个宇文部的分支之一。契丹这个名称最早在我国史书中出现是在公元4世纪的北魏时期。在当时分布在辽水流域以北的潢河（今西拉木伦河）与土河（今老哈河）一带，过着渔猎畜牧的氏族部落生活，以逐水草游牧为主。在北魏后期，契丹形成了古八部，八部之间互不管辖，也没有什么联系。各部独立地和北魏政府保持着朝贡关系。到了隋朝，由于突厥势力扩张，对各部族征伐不止，契丹各部为防卫突厥，开始互相联系，互相支援，后来形成了初期较为松散的部落联盟。到了唐初，契丹就形成了以大贺氏为首的部落联盟。其体制是在八部酋长中共同选举一人为首领，或者叫盟主。任期三年，到期改选，但大贺氏的人有世选的特权，这时的首领已经有了管理权力。契丹首领后来率部归入唐朝，唐太宗授予旗鼓，以表示对首领权威的承认。唐朝又在契丹地区设置了行政机构，即松漠都督府，任命其首领为都督。

　　唐玄宗时期，大贺氏部落联盟瓦解之后，重建了遥辇氏部落联盟，在被回纥统治一段时期后，又趁回纥内乱之机重新归附唐朝，而唐朝后期的衰落又给契丹的独立发展提供了良机。

遥辇氏联盟后期，由于唐朝末年的中原混战，使得北方汉族人纷纷逃入契丹地区，躲避战乱。汉族的先进生产及其他技术对契丹的经济发展起到了促进作用。而在契丹八部中迭剌部又离中原较近，所以发展最快，势力超过了其他七部。迭剌部的夷离堇（即部落的酋长或联盟的军事首长）一直由耶律氏家族世袭担任，这个家族从阿保机的八世祖耶律雅里重新整顿契丹部落联盟，担任夷离堇之后，就进入了契丹社会的上层，而且从七世祖开始就掌握了联盟的军权，地位仅次于联盟首领。到了阿保机的祖父匀德实担任迭剌部的夷离堇时，本部落已有了发达的牧业和农业，势力强大，社会的发展也很快，开始由氏族制度向阶级社会的国家过渡。

阿保机被称为迭剌部耶律氏家族的英雄，在他出生时，契丹的贵族阶层正在为争夺联盟首领之位而打得不可开交。阿保机的祖父匀德实在残酷的政治斗争中被杀，父亲和叔叔伯伯们也逃离出去，躲了起来。祖母对于这时出生的阿保机非常喜爱，但又担心他被仇人加害，因此常将他藏在别处的帐内，不让他见外人。

阿保机长大成人后，身体魁梧健壮，胸怀大志，而且武功高强，《辽史》上说他"身长九尺，丰上锐下，目光射人，关弓三百斤"，他带领侍卫亲军曾多次立下战功，显露出过人的才干。

在遥辇氏联盟后期，阿保机被推为迭剌部的夷离堇时，遥辇氏的最后一个可汗痕德堇也同时成为联盟的可汗。这时的阿保机只有30岁，手中掌握了联盟的军事大权，专门负责四处征战，这又为阿保机建立军功树立威信和权威创造了有利条件。他充分利用本部落的实力四处征伐，接连攻破室韦和奚人等部落，同时南下进攻掠夺汉族聚居地区，俘获一些汉人和大量的牲畜和粮食，使本部落的实力大增。阿保机的伯父被杀后，阿保机继承了伯父的于越（史称"总知军国事"，高于夷离堇，掌握联盟的军事和行政事务，相当于中原王朝的宰相）职位，独掌部落联盟的军政大权，地位仅次于可汗。他还进一步向中原地区扩充势力，和河东的李克用缔结盟约。到朱温灭唐建立后梁的

那一年，阿保机也取代了遥辇氏，当上了联盟的可汗。阿保机还注意重用汉人，尤其是汉人中的知识分子帮助他建立了各种政治文化制度，更进一步促进了迭剌部的发展，为阿保机以后称帝建立辽国奠定了坚实的基础。

阿保机虽然已经是部落联盟的可汗，但是，按照传统制度，可汗之位要三年改选一次。由于汉人谋士经常说，中原的帝王从来不改选，这使阿保机不再愿意遵从旧的制度，所以从他就任可汗之日起，阿保机就把目标瞄准了在契丹建立帝制，为此，他主要做了两方面的工作：一是对内加强权力控制，二是对外进行扩张，进一步增强本部落的实力，树立更大的权威。

在对内方面，阿保机首先建立了自己的侍卫亲军，即"腹心部"，从武力方面保护自己的权力。并派亲信族兄弟耶律曷鲁、妻族的萧敌鲁等人任侍卫亲军的首领。其次，为使自己取代遥辇氏做可汗的事实合法化，阿保机让本族成为第十帐，位于遥辇九可汗族人之后。阿保机还设了专门管理皇族事务的宗正官，即惕隐，以稳定家族的内部团结。除了重用本族人之外，阿保机还重用妻子述律氏家族的人，因为他们对他的地位稳固起了很大作用。

为取得更多的财富，扩张势力，树立权威，阿保机积极地四处征讨。他连续出兵，先后征服了吐谷浑、室韦、乌古等部落，而且向南边的幽州和东边的辽东进攻。当上可汗的第二年，他率领 40 万军队大举南下，越过长城，掠夺河东等地，攻下九郡，俘获汉人 9.5 万多，还有无数的牛马牲畜。然后他又出兵讨伐女真，俘其 300 户。阿保机还曾领兵 7 万与李克用在云州（今山西大同）会盟，和李克用互换战袍和战马，并互赠马匹、金缯等物，结为兄弟，约好一同进攻幽州的刘仁恭。随后，阿保机在讨伐刘仁恭时攻陷数州，并把当地居民全都掠走。这些通过战争掠夺来的财物，被视为阿保机耶律家族的财产，因而其家族的经济实力大大超过了其他家族。

阿保机掠夺来的这些人中包括一些汉族的知识分子，他们当中的代表如韩延徽、卢文进、韩知古等对于阿保机的政权巩固，特别是对于他称帝建立契丹国起了重要的作用。同时，他们还帮助阿保机建立了各种政治制度，教他如何利用汉人从事农业生产，促进经济的发展。中原帝王的世袭制度对阿保机吸引力很大，再加上在对外战争的过程中，阿保机又升为于越兼夷离堇，权势仅次于可汗。到朱温灭唐的这一年，阿保机终于取代了痕德堇，自己当上了可汗，离他称帝建国只有一步之遥了。各部落对于痕德堇非常不满，他平庸无能，治理无方，马被饿死，领兵出征经常失利，满足不了贵族们征战掠夺财富的欲望，而相比之下，阿保机就要强很多了。于是，阿保机利用这个大好时机，遵照合法的传统制度举行可汗的改选仪式，终于凭借自己的威望得到了可汗的宝座。此后，他继续领兵四处出征，使契丹的领土扩张到现在中国北方长城以北的大部地区。

阿保机的目标是像中原的皇帝一样建立终身制和世袭制，所以在他任可汗满三年时不肯交出大权，凭借他的实力和威望继续坐在可汗的宝座上，向皇帝的目标努力。这就引起了本家族其他贵族的不满，因为按照习惯，可汗实行的是家族世选制，即可汗之位转入耶律氏后，可汗就都要由这个家族成年人担任，所以阿保机不让位，其他人便没有机会当选。为了争取这个被选举权，阿保机本家族的兄弟们便首先起来反对他，由此发生了历史上的"诸弟之乱"。

兄弟们的叛乱一共有三次。第一次在 911 年，这年的五月，剌葛、迭剌、寅底石、安端策划谋反，安端的妻子得知后就报告了阿保机，阿保机不忍心杀掉这些兄弟，就和他们登山杀牲对天盟誓，然后赦免了他们，兄弟们并没有领情，第二年，又在于越辖底的带领下，再次反叛。除了原来的几个人外，新任命的惕隐滑哥也参加了。这年的七月，阿保机征伐术不姑部，让剌葛领兵攻打平州（今河北卢龙）。到十月时，剌葛攻陷了平州，领兵阻挡阿保机的归路，想强迫他参加可汗的改选大会。阿保机没有硬拼，而是领兵南下，按照传统习惯赶在他们的前面举行了烧柴告天的仪式，即"燔柴礼"，再次任可汗。这样就证明他已经合法地连选连任，使众兄弟没有了反叛的根据。阿保机兵不血刃地平息了一场叛乱，体现了他超群的智谋。在第二天，诸兄弟

便纷纷派人来向阿保机请罪，阿保机也就不再追究，只下令让他们悔过自新。但是，可汗宝座的诱惑究竟比兄弟之情要大很多，兄弟们在不到半年之后，于913年的三月，又一次反叛。这次发生了较大的武装冲突。他们先商议好拥立刺葛为新可汗，然后派迭刺和安端假装去朝见阿保机，想伺机劫持阿保机去参加他们已经准备好的可汗改选大会。除了本部落外，乙室部落的贵族也参加进来。阿保机察觉了他们的阴谋，解决了迭刺和安端，并收编了他们的1000名骑兵，然后亲自率领部队追剿刺葛。刺葛派的另一支部队在寅底石的率领下直扑阿保机的行宫，焚毁了辎重、庐帐，还夺走了可汗权力的象征旗鼓和祖先的神帐。阿保机的妻子看守大帐，领兵拼死抵抗，等到援军来后又派人追赶，但仅追回旗鼓。四月，阿保机领兵北上追击刺葛，他先派人分别在前面埋伏堵截，前后夹攻。这一次，侍卫亲军发挥了重要作用，最终将刺葛打败，刺葛将夺去的神帐丢在了路上。阿保机没有立即追击，而是先休整部队，因为他知道刺葛的部下不久便会思念家乡，等到士气低落无心恋战时再出兵，就会不战而胜。到五月，阿保机领兵进击，终于擒获刺葛。经过三次平叛，阿保机基本消灭了本家族的反对势力，但对部落的经济却造成了很大的破坏。民间原有上万匹马，但现在百姓出门都要步行了。

本部落的反对势力消除后，契丹其他七个部落的反对势力仍旧存在，他们以恢复旧的可汗选举制度为旗号，强迫阿保机让出可汗之位。阿保机只好先交出旗鼓，答应退位，然后以退为进，设下了计谋。他对众人说："我在可汗之位九年，下属有很多汉人，我想自己领一部治理汉城，可以吗？"众人都同意了。到了那里，阿保机率领汉人耕种，当地有盐铁，经济也很发达，阿保机采纳了妻子述律后的计策，派人转告诸部落的首领："我有盐池，经常供给各部落，但大家只知道吃盐方便，却不知盐池也有主人，你们应该来犒劳我和我的部下。"众人觉得有理，便带着牛和酒来了，没想到中了阿保机的诡计。阿保机布下伏兵，等大家喝得烂醉时，将各部落的首领全部杀死。

内外的反对势力除掉之后，阿保机就在916年称帝，正式建国，国号契丹，建元神册。契丹的国号有过几次变动：947 年改成辽，983 年又改为大契丹，1066 年改成大辽，此后不再改号，直到 1125 年被金所灭。有的书中为避免混乱，就通称为辽。阿保机称天皇帝，妻子述律氏称地皇后，立长子耶律倍为太子。

称帝之后，阿保机继续扩张领土，这时漠北的游牧部落和契丹比起来势力都很小。东边的渤海和高丽也已经衰落。南边的李克用和刚建立后梁的朱温长年对立交战。这种形势对阿保机开疆拓土非常有利，阿保机想建立一个南到黄河、北至漠北的北方大国。为此，他首先南下，但两次都以失败而告终。

阿保机极想征服黄河以北地区，而这时北方的诸雄们也想利用强大的契丹为自己捞取好处，这为阿保机进兵中原创造了良机。新州（今河北涿鹿）将领卢文进不满李存勖在当地征募士兵，用于进攻后梁，于是率兵投降契丹。阿保机于是就领兵对中原发动了第一次战争，和卢文进一起攻打新州和幽州，最后击败周德威，并将幽州城围攻了将近 200 天。后来，晋军李嗣源的援兵到达，阿保机被迫撤兵，并让卢文进镇守平州，守住契丹南下的一个重要通道。不久，镇州防御使张文礼杀死节度使王熔，向阿保机求救，一同对付李存勖，阿保机第二次南下中原。在攻陷涿州后，进兵围困定州，和李存勖在沙河及望都（今河北望都）一带交战，这一次阿保机损失惨重，当时正赶上少见的大雪，下了十来天，地上的雪厚达数尺，契丹兵马粮草奇缺，伤亡很大，阿保机只好撤兵。契丹兵出征都是自己准备粮食和草料，战时让随军的后勤人员四处掠夺供应，所以，一旦中原兵围困他们或者打持久战，契丹兵就很难坚持了。

两次南下都损兵折将，无功而回，阿保机便及时调整了战略方向，改向西北和东北，打算先征服北方的游牧部落，攻下东北的渤海国，消除两侧的威胁之后再向南用兵，夺取河东及河北地区。于是阿保机召开军事大会，部署新的作战计划。然后亲自征讨党项、阻卜等部落，向北到达了乌孤山（今肯特山），还曾抓获回鹘都督毕离堇，回鹘乌主可汗只得派使臣纳贡谢罪，阿保机的势力最西到达了今阿尔泰山一带，

国土面积大大扩展了。

为向东发展势力，阿保机又东征渤海国。渤海是东北地区的一个区域性的民族政权，政治和文化都在北方各民族之上，素有"海东盛国"之称，但当时的国力已经下降。阿保机集中全部兵力攻下了渤海国的西部重镇扶余城（今吉林农安），然后又围攻首都忽汗城（今黑龙江宁安东京城），国王率领几百名大臣开城投降，不久统一渤海全境，阿保机将渤海改为东丹国，意即东契丹国。让皇太子耶律倍任东丹王，管理东丹事务，这样，阿保机就将势力扩大到了渤海沿岸。同时，阿保机又在黑龙江和乌苏里江流域广置官府，实施实际管理，从而结束了唐末以来东北地区混乱的分裂局面，重新实现了统一，这对当地经济和文化的发展，促进各族人民的交流都有极其重要的作用。但在回师途中，阿保机却病死于扶余城，终年 55 岁，谥号升天皇帝，庙号辽太祖。

太后断腕，述律偏心被囚

阿保机的皇后述律氏，名平，小名为月里朵，在阿保机称帝时被封为应天大明地皇后。到辽太宗时又尊为应天皇太后，死于辽穆宗应历三年（953），终年 75 岁。阿保机死后，她利用契丹殉葬的民俗，打击异己大臣，最后自己也被迫搭进去一只手，所以历史上又称她为断腕太后。

述律氏家族起源于回鹘，述律后的曾祖魏宁做过舍利，即一种对契丹贵族中勇猛但没有官职的子弟设的称号，祖父是慎思，做过皇家总管梅里，父亲月碗也做过梅里。他和阿保机的姑姑结婚，生下月里朵。当时的契丹社会，和中国古代社会汉族人一样盛行姑表通婚方式，这种方式虽然能更进一步拉近亲属关系，但对于优生却很不利，所以现在婚姻法都禁止了这种通婚方式。

长大之后，她便和舅舅撒刺的儿子阿保机结了婚。月里朵对于阿保机的事业所起的作用是相当大的，她本人就非常有智谋，而且还能领兵作战，在阿保机遇事时常能帮他果断应变，处理大事。在民间传说中也有关于她的故事：有一次，她见到了地神站在潢水和土河的交汇处，但一看见她，地神却赶忙躲开了，为此还有一句童谣："青牛妪，曾避路。"神话故事和童谣传开以后，月里朵便成了地神的化身，这使她在当时信仰神灵的契丹社会中更充满了神秘感，无形中增加了她的个人威信。

对于阿保机的事业，她倾注了全部精力，其中之一就是为阿保机尽力发现保举人才，汉人韩延徽就是一个很突出的例子。正是由于她的极力推荐，才使阿保机有了一个很得力的谋士、助手。在阿保机领兵四处征讨的时候，述律后便主持后方的工作，坚守大本营，使阿保机在前线能集中精力，不致分心。在诸弟叛乱的过程中她也起了关键性的作用，正是她派兵追击攻打大帐掠走神帐和旗鼓的叛军，并夺回了象征可汗权力的旗鼓。在她的影响下，她的族兄弟们也大力支持阿保机，她的兄长敌鲁和弟弟阿古只等一些人对阿保机全力支持，在阿保机对其他人的政治斗争中起了不可估量的作用。因为佐助有功阿保机也提高了妻子述律家族的地位和权力，阿保机妻族的地位仅次于皇族。

等到阿保机终于战胜所有的对手顺利登上皇位时，月里朵也自然而然地当上了皇后。为了扩充疆土，阿保机又积极地四处用兵，后方的事务也就落到了能干的述律后的身上。为进一步巩固后方，看守大本营，述律后征得阿保机的同意，建立了直接归自己统辖的宫廷卫队。她确实有些先见之明，在阿保机又一次出兵走了之后，室韦部落的黄头和臭泊两个家族便想趁机偷袭，述律后得知后，派兵埋伏等候，等他们到了之后，领兵大破室韦人，这一仗使述律后名声大振。除了实

际作战外，述律后对于阿保机的一些重要的战争计划也经常参与谋划，还曾阻止了阿保机的一次毫无意义的出征。这一年，南方的吴国向契丹进献了一种猛火油，说是遇到水后火不但不会灭，反而会烧得更旺。阿保机一听动了心，马上就想领兵去攻打幽州城试一试这种猛火油的威力。述律后得知后，赶忙去阻止，她策略地提出了骚扰幽州的战略。她说："我们用 3000 骑兵埋伏在幽州一侧，然后再掠其四野，这样就使城中粮食没有了来源，不用几年，幽州便会守不住了。如果我们冒险地用兵，万一不能速胜，不但会被中原的人耻笑，而且我们部落内部也有解体的可能。"阿保机开始并没有把她的话放在心上，但不再一时冲动去打幽州了。以后阿保机曾在神册二年（917）和神册六年（921）两次南下中原用兵，但都以失败而告终，这时，阿保机才认识到妻子述律后骚扰幽州这种策略的正确性，实施之后，取得了很好的效果，述律后的谋略在阿保机出兵渤海时也得到了充分的体现。

后来，述律后跟随阿保机一起出征，征讨东面的渤海国。渤海国被攻下后，阿保机建立了东丹国，任命长子耶律倍做东丹王，自己返回途中死于扶余城，接着，述律后听政，暂时掌握军政大权。等阿保机安葬之后，她主持了契丹贵族参加的推荐继承人的大会，按照自己的意愿选择了耶律德光。当初阿保机曾立长子耶律倍为太子，这说明阿保机是想让他继承皇位的，这也符合中原王朝嫡长子继承制的做法。但在灭渤海国后，却册封耶律倍为人皇王管理渤海地区。这大概是述律后影响的结果，让耶律倍留在东边，而让自己比较喜欢的次子耶律德光继位，将耶律倍逼得只好逃奔后唐，最终被将要自焚的李从珂派人杀死。

从阿保机死后到新君主选出，这段时间按照游牧民族的传统习惯，要由皇后主持政务，继承人也要由皇后主持召开大会选举产生。阿保机死后，皇后的权力就更大了，她的意见往往会起到决定性的作用。事实上也正是如此。阿保机在世时曾对三个儿子做了一次有意的测试，他让他们一起去砍柴，看谁先回来。辽太宗耶律德光最先回来，他砍了一些就马上往回走，根本没有选择柴的好坏。耶律倍选择了一些干柴砍下，然后又捆成一束带回来。老三砍了很多，但又扔掉了不少，回来后，袖手而立，有些惭愧的样子。

以后的事实说明这次测验的结果还是非常准确的：耶律倍仁义但没有大的谋略，没有斗过二弟，耶律德光以机巧巩固了帝位，老三李胡则残暴不得人心，述律后又想立老三为帝，遭到了众人的反对。阿保机对这次测验说："长巧而次成，少不及也。"说明他对两个儿子还是都很欣赏的。但耶律倍不会讨母亲喜欢，他虽然才学过人，精通音律和医药，也擅长写契丹和汉文章，但他的母亲述律后不喜欢，尤其他推崇孔子的思想，建议以儒家学说来治理国家，更使守旧的母亲倾向于二弟。

在正式选举皇位继承人之前，述律后就未雨绸缪，充分利用主持阿保机葬礼的机会清除政敌，而且表现得既果断又狠毒。因为大臣当中支持长子和次子的都有很多，为了扫除以后政治上的敌对势力，她以传统的殉葬制度为借口，让一些和她作对的人为阿保机殉葬，说是让他们为她传话给阿保机，单这一个借口就总共杀掉了100名大臣。但述律后也付出了代价，失掉了一只手。在她让汉人赵思温为阿保机殉葬时，赵思温不听。述律后就责问他："你和先帝不是很亲近吗，为什么不去？"赵思温反驳道："和先帝亲近谁也比不上皇后，如果皇后去，那我就马上来。"述律后狡辩说："几个儿子还年幼，现在国家没有君主，我暂时不能去。"最后，述律后为了除掉赵思温这个难对付的大臣，竟狠下心来，将自己的一只手从手腕处砍断，这就是历史上有名的"太后断腕"的故事。

阿保机死后，述律后的权势并没有降低，反而有所提高，一来她是太后，而且耶律德光又是由于她的坚持才得以继位当上了皇帝。她自己由于那个地神见了也躲避的传说而具有的神秘色彩，使得一般人不敢对她有所不敬。耶律德光对于母亲也是非常孝敬的，母亲得病不吃饭的时候，他也守在一旁不吃饭。耶律德光对母亲还有一些敬畏，在母亲面前有时说话让述律后不高兴时，述律后便扬眉怒视他，耶律德光就吓得赶忙退出来，如果母亲不召他进去，便不敢再去见述律后。

耶律德光的智勇与谋略大概继承了他母亲很多，但也许是从小被母亲管教较严，所以成人之后依然对母亲有所敬畏。在另一方面，述律后原来在阿保机在世时的威望也使她自然有了一定的权威。而且，在游牧部落中，传统的习俗对于妇女参政没有中原那么多的限制，在阿保机死后，由述律后来主持军国大事，这本身就说明与汉族王朝任命顾命大臣的惯例有很大的区别。客观方面则是述律家族本身的势力也很大，就连耶律德光的皇后都是述律族的人，而且是述律后弟弟的女儿，本来述律家族在阿保机在世的时候地位和权势就仅次于皇族，阿保机死后，有了太后撑腰，述律家族权势更重，反过来又对述律后的权势也是个保障。

在耶律德光死后，述律后还是想按照自己的意愿让三儿子李胡继位称帝，但这个老三为人极为残忍，没有什么威望。以前述律后因为偏袒耶律德光不让耶律倍继位，得罪了一大批人，而且也杀掉了很多大臣，到这时，被杀大臣的儿子们也已经成人，这些人联合起来，共同对述律后发动攻击。他们在南院大王耶律吼和北院大王耶律洼以及直宿卫耶律安抟（音团）等人的率领下，拥立东丹王耶律倍的儿子耶律阮称帝。述律后接到他们的报告异常恼怒："我儿南征东讨，功业卓著，当立者应该是在我身边的孙子，你父弃我而奔后唐，是大逆不道之人，怎么能立这种人的儿子为帝呢？"于是派儿子李胡领兵阻击，和耶律阮隔湟水对峙，大有决战之势。但与李胡同行的后晋降将李彦韬却投降了，结果李胡败退而回，大臣耶律屋质趁机劝说述律后罢兵言和。

述律后见无力左右局势，只好承认了既成事实。但内心里仍留恋昔日的权势，所以又寻机暗中谋划废耶律阮立李胡为帝，最后事泄被幽禁到阿保机的陵墓旁，直到死去。

争霸中原，耶律德光建辽

耶律德光 (902—947)，字德谨，契丹名尧骨，又作耀屈之，辽太祖次子,契丹迭剌部霞濑益石烈耶律弥里人 (今内蒙古阿鲁科尔沁旗)。著名辽国第二代皇帝，辽太宗，辽孝武皇帝。在位时间从 927—947 年，为期 20 年，终年 45 岁。

耶律德光在辽天赞元年 (922) 20 岁的时候就做天下兵马大元帅，从父北征于厥里，西讨党项、回鹘，直取单于城 (今内蒙古和林格尔)，耶律阿保机对他寄希望很大，在阿保机的三个儿子当中，他和长子耶律倍都很受阿保机的喜爱，但耶律德光更像他的父亲，在耶律阿保机到各处征战的时候，耶律德光都跟着出征，因此立功甚多，一直到后来平定渤海国，都有所建树。所以同样有勇有谋的母亲述律后才对他另眼相看，在继承皇位的问题上全力支持他，反对喜欢汉族文化的长子耶律倍继位。

辽天赞四年 (925) 冬和辽天显元年 (926) 春，耶律德光从父征渤海国。

耶律阿保机逝世后，述律后主持了推选新皇帝的仪式，在主政的述律后的建议下，大臣们都赞成耶律德光继位，于是，辽天显二年 (927) 冬，其长兄耶律倍根据辽太祖的遗愿，率群臣请于述律后立耶律德光为帝，仍以天显为年号。耶律德光举行了契丹传统的燔柴礼，正式继位为契丹新皇帝。

耶律德光在继位之初，花了大量的精力来巩固他的帝位。因为他是在母亲的支持下才得以继位的，而有些大臣不太支持他，特别是他

的哥哥耶律倍更是不服，因为阿保机当初是将耶律倍立为太子的，所以耶律德光一直将哥哥当成他最大的政敌，采取了一系列的措施来巩固自己的帝位，直到耶律倍逃到了后唐。首先，辽太宗耶律德光加强了对军队的控制，他经常检阅侍卫亲兵、各部族及各帐军队，以此来充分控制军权，防止异己势力在其中渗透，从而在根本上巩固自己的权势。

其次，对于耶律倍管辖的渤海国辽太宗也严加防范，为了削弱渤海国的力量，他趁耶律倍离开属地到京城的有利时机，将渤海国大量的居民迁移到其他地方，然后将其政治中心也迁移走，渤海国土地面积大大缩小了，而政治中心迁到离契丹很近的地方也利于监视控制。

为进一步防范哥哥，耶律德光又两次去耶律倍的府上，表面上做出兄弟和好的样子，实际上是进一步了解情况。在耶律倍住在京城的时候耶律德光又趁机去渤海国，也是为了拉拢耶律倍的属下，为他充当耳目，对付耶律倍。等耶律倍和他的属下们要回渤海国时，耶律德光又抓住时机把他的属下们召进宫里设宴招待，其实也是为了进一步拉拢他们，分化耶律倍的力量。不久，在

耶律德光

母亲的支持下，耶律德光又使出狠命的一招，将弟弟李胡立为皇太弟，作为皇位的继承人。耶律倍在弟弟的一次次明里暗里的进攻下，终于无法再忍受下去，也为了避免以后有什么不测，就渡渤海投奔

了后唐。耶律德光费尽心机，最后也终于达到了目的。或许契丹族人的政治经验还没有汉族人那么多，心也没有那么狠毒，毕竟是将哥哥逼走了，没有直接设阴谋将他杀死。阿保机当初也是如此，没有在兄弟们第一次反叛时将他们杀死，而是赦免了他们，直到后来才杀了一些人，但对于首犯也没有斩首，而是处以杖刑。

在巩固了自己的帝位之后，耶律德光开始继续父亲阿保机的事业，向南用兵，争霸中原。契丹从阿保机开始就想把疆土扩展到黄河岸边，进而拥有黄河以北的大片领土。但中原的势力一直抵制契丹的入侵，所以，契丹用兵时总是趁中原几派势力相争时打着支援一方的旗号进攻。在后唐统治时期，尤其是后唐明宗时期，中原比较稳定，再加上后唐的军队号称鸦军，都穿黑衣，战斗力也很强，而契丹是以民为兵的，没有专门的野战军，所以在和中原兵作战时总是吃亏。因此，耶律德光的势力再大，也要等到中原出了变故时乘虚而入，收渔人之利，单纯地宣战和正式决战很难取得成功。所以，耶律德光南下中原一直等到了李嗣源死后，而且是石敬瑭主动求救时才出兵，后来灭后晋也是由于后晋将领投降捡了个便宜。

石敬瑭和后唐末帝李从珂发生矛盾之后，石敬瑭为保住自己的势力，称帝登基，只得向耶律德光求救。等待已久的耶律德光喜出望外，看到石敬瑭诱人的条件，赶忙派兵相救。立石敬瑭为大晋皇帝，自己则得到了一大块肥肉，不费吹灰之力将早就渴望的十六州拢入契丹的统治范围，而且每年还有大批的布帛输入。但耶律德光这块意外的肥肉也只品尝了十来年的时间，最后他不但把命丢在了中原，而且十六州也被北汉和后周拿去了。

不管以后怎样，辽太宗毕竟将十六州弄到了手，下一个目标就是继续南下，将边界推进到黄河岸边。石敬瑭死后，石重贵继位，后晋态度的变化给耶律德光用兵提供了良机和充分的借口。同时，幽州的赵延寿也想像当年石敬瑭那样当个皇帝，劝辽太宗乘机进攻。后晋将领杨光远也暗通契丹，说后晋违背盟约，正好借机出兵，而且后晋境内发生了大的灾害，军队也死亡过半，只要出兵，就能一举成功。

耶律德光禁不住心动了，为了抓住这个难得的机会，便发动了对后晋的讨伐战争，而且连续打了三次，直到灭了后晋。在长达三年的战争中，耶律德光超人的意志力得到了充分的体现，这说明他用兵中原是经过了长期准备和长期等待的，一遇到有利时机就不达目的誓不罢休，最后终于实现了多年的愿望，虽然得胜是由于后晋军队的投降，但耶律德光的意志力之强也确实令人佩服。

在用兵的过程中，耶律德光的过人谋略也运用得很充分。他最大限度地利用了汉族官吏的称帝野心和他们之间的矛盾，这和耶律德光多年了解掌握中原的各种政治和军事情报有很大的关系。

他先利用了赵延寿想当中原皇帝的野心，让他充当了和后晋作战的先锋，许诺赵延寿在灭后晋之后让他做皇帝，使他深信不疑，作战很是卖力，第一次发兵，只有赵延寿的一路兵马取得了一点战果。等最后灭了后晋，耶律德光却闭口不提当初的诺言，赵延寿不知羞耻地提出立自己为太子，耶律德光却说太子应该由自己的儿子当，他当不合适。就是任赵延寿官职时大臣也提议将给他的"都督中外诸军事"给撤掉了。狡诈善变的耶律德光将赵延寿大大耍弄了一番。对于另一个人物杜重威耶律德光也同样许诺给皇帝之位，等杜重威投降后，让他穿上皇帝穿的赭黄袍，和之前让赵延寿穿赭黄袍去抚慰后晋将士一样，将这两个一心要当皇帝的败类像耍猴一样耍了个够，他们俩如果在一块儿谈谈穿赭袍的感受大概会差不多吧。皇帝这个位子最后还是耶律德光自己坐上了，不过他的代价也很大，把老命都搭进去了，死前还受了不少罪。

对后晋的战争由于后晋爱国将士的英勇奋战，耶律德光也打得很艰苦，第二次发兵时，被后晋的皇甫遇、慕容彦超、李守贞等将领打得大败而归，契丹国内当时也发生了灾害，人和牲畜大量死亡，各部落也有了厌战情绪，而且述律后了解到后晋派使者议和时，也极力劝说耶律德光罢兵讲和。她对儿子说："如果汉人做契丹王，行吗？"耶律德光说："不行。"述律后又说："那你为什么非要当汉王呢？"耶律德光说："石氏忘恩负义不能容忍。"述律后又劝他："你就是得了，汉地也不能久留，万一有什么意外，后悔就来不及了。"后来的事实说明述律后还是有先见之明的，耶律德光最终命丧中原。耶律德光没有听从母亲的劝告，坚持要后晋割让镇州和定州，才肯息兵，其实他是不愿意就此轻易丧失这个机会。虽然一时失利，但耶律德光还是在第二年又出兵进攻，结果抓住了时机，利用杜重威怯懦和想当皇帝的弱点，劝降成功，不久后晋也被灭掉了。

辽会同十年 (947)，耶律德光用中原皇帝的仪仗进入了后晋都城开封，在崇元殿他又穿上汉族皇帝的装束接受文武百官的朝贺。把投降的石重贵封为负义侯，除了讽刺，这个官职没有任何别的含义。后晋因为契丹而建立，最后又因为契丹而灭亡，真是兴也耶律德光，亡也耶律德光，靠别人的力量建立的王朝很难长久存在下去。在称帝之前，耶律德光又做了做表面文章，让了让帝位，但后晋的大臣们被赦免已经很感激他了，谁还敢说别的，于是都说"夷、夏之心，皆愿推戴皇帝"，耶律德光也不再让，欣欣然坐上了父亲阿保机早就想坐的皇帝宝座。在举行仪式时，汉人穿汉服，契丹族人穿他们的民族服装，耶律德光则穿汉服。此后，辽国的官服制度也就以此为标准，契丹和汉人分别穿本民族的服装。耶律德光在做了中原皇帝的同时还将契丹国号改为"大辽"，年号也改成"大同"。有的书中为了叙述简便，就将这之前的契丹也称为辽。

耶律德光对于辽国的贡献较大的要数对政治制度的发展完善了他将后晋的一整套汉族官制带到了辽国，加上原来阿保机时期确立的官制，终于使辽国的官制在部分汉化的过程中形成了具有自己特色的民族官制。

随着辽国的统治区域不断扩大，耶律德光为了更好地治理不同民族的事务，就制定了"因俗而治"的原则，形成了北、南两套完整的官制，即北面官制和南面官制。

北面官制，即辽国契丹族的官制，官吏一律用契丹族人，掌握契丹的一切军政事务，也是辽国的最高权力机关。之所以称为北面官，是因为辽国有崇拜太阳的习俗，喜欢向东，而且以左为上。这样，辽

王的大帐就面向东方，而北面就是左，也就是契丹族官吏的办公地点，所以叫北面官。在北面官中，又分为几种类型：北面朝官、北面御帐官、北面皇族帐官，以及北面诸帐官和北面宫官。

北面朝官，这是辽国官制的主要机构，在北面朝官中又分为南北两个不同的部门，如北枢密院管兵部，南枢密院管吏部，这和总的南北面官制很容易混淆，应该分清。在北面朝官中，南北枢密院是辽国的最高行政机构，分别掌管军政和民政，也通称为北衙和南衙。北面朝官中还有北南枢密院中丞司，掌管纠察检举百官。北南宰相府也参与军国大事，类似于汉族官制中的参知政事。另外，还有大惕隐司，掌管皇族的政教事务。设置夷离毕院，掌管断案、刑狱，敌烈麻都司掌管礼仪。最后在百官之上还设置了一个没有实际职务的大于越府，只是一个荣誉称号，和汉族太师的称号差不多。但一般人很难得到大于越的称号，整个辽国也只有三个人得到过。

北面御帐官，它也有许多下属机构。例如侍卫司，负责御帐的护卫。北南护卫府，负责北南两个枢密院的护卫工作。

北面皇族帐官，阿保机的后裔、阿保机伯父的后裔、阿保机叔父的后裔、阿保机兄弟们的后裔共四个系统的皇族，分别设立有职权的营帐，叫作四帐皇族，地位很高。北面皇族帐官也有分支机构，大内惕隐司就专门掌管四帐的政教事务。

北面诸帐官，这是为阿保机部落之外，即皇族之外的其他有地位的部族设立的机构，如遥辇氏、渤海王族等，一方面是表示恩宠，另一方面也是为了有效地控制。

北面宫官，主要掌管宫廷一些日常事务。

和北面官相对应的就是南面官，在耶律德光得到十六州之后，进一步完善了汉族的官制，仿效唐朝的官制，设立三省六部等一整套治理机构，以此来招揽汉族人，管理汉族人的事务。南面官主要由汉人来担任，契丹族人也有在南面官中任职的，他们被称为汉官，也穿汉服。南面官由于办公的营帐在辽国王大帐的南面，所以称为南面官。

南面官中的分支机构有：汉人枢密院，阿保机的时候叫"汉儿司"，其他有中书省、尚书省、门下省、御史台、翰林院等。

在地方官制当中，辽国也是两套制度并存，就是部族制和州县制。契丹族人和其他游牧民族用部族制，而汉人和渤海人则使用唐朝时用的州县制。在耶律倍投奔后唐之后，耶律德光又趁机整顿了东丹也就是原来渤海国的行政制度。先让耶律倍的妃子主持东丹政务，然后采取措施加强了对东丹的控制。东丹国在原先并不是辽中央政权直接管辖的地区，东丹是个亲王的封国，东丹王对于本地的事务可以全权管理。他可以自己建立年号和国号，而且有权直接和外国交往，对于宰相以下的官员可以自己任免。在耶律倍走后，耶律德光就在东丹国设立了中台省，派遣官吏到那里参与政务管理，从而加强了对东丹的控制。

耶律德光治理辽国的过程也是他学习汉族文化、总结汉族治国经验后运用于实际的过程。原来耶律德光就很重视农业的发展，不但支持汉族人在汉族地区发展农业，在草原地区开垦适合发展农业的地方发展生产。为保护农业生产，防止没有重农习惯的契丹族人有意无意地破坏，耶律德光下令禁止随从们随意践踏庄稼，行军时也命令部队绕开农田。农业的发达对辽国多种经济的发展起了较大的促进作用，也增强了辽国的国力。

发展农业的同时，耶律德光也继续父亲阿保机的做法，尽量征召人才，尤其是汉族人。得到十六州后，曾经选拔了一批汉族的知识分子治理各州的事务，其中有不少能干的良才。耶律德光又仿效汉族皇帝的做法，让下属举荐有才德的人任官。后来又下诏书招聘贤才，如果考核时确实很突出的，就马上可以担任很高的职务。在援助石敬瑭那次战争中，耶律德光得到了后唐的掌书记张砺，非常高兴，觉得此人难得，让手下以礼相待。张砺非常感动，此后真心辅佐耶律德光，耶律德光也很器重他，将他升为翰林学士，后来又任命为左仆射兼门下侍郎、同平章事，成了耶律德光的宰辅之臣。重用有才德的汉人，对于耶律德光的统治帮助很大。与此同时，耶律德光还学习汉族的一些做法，例如对贪官污吏的处罚、整顿赋税制度、减轻百姓过重的经

济负担。对于汉族的一些礼仪他也尽量吸收，例如他废除了婚姻制度中姊死妹续的旧契丹民俗。下令做汉官的契丹族人随汉族礼俗，可以和汉族人自由通婚，从而促进了民族之间的交流和进一步的融合，也从根本上密切了契丹与汉族的关系。

耶律德光对于契丹的贡献很大，尤其在他继位之后，在许多方面促进了契丹政治和经济的发展。在政治方面他完善了从阿保机开始的管制，使之系统化，他还使契丹的领土继续扩大，使契丹走向了强盛时期。他在位期间，契丹的农业也有了较大的发展。此外，契丹的本民族文化也发展到了一个很高的水平。

夺取燕云，辽太宗扩版图

耶律阿保机去世那年，中原恰是后唐明宗即位，他是五代少数值得称道的君主之一。辽朝平州（今河北卢龙）守将卢文进原来就是以唐卢龙节度使身份归附的，在这种形势下，因部下思归、明宗召诱和述律太后的滥杀将领，就在耶律德光去世当年，他率士卒10万、车帐8000重归后唐。平州控扼山海关，使契丹骑兵可以随心所欲地出入长城的主要通道。而后唐控制了平州，就可以把契丹骑兵完全阻挡在长城以外。

耶律德光深知平州的军事意义，天显三年（928）正月，即遣将夺回了平州。四月，后唐义武节度使王都以定州（今河北定县）投附契丹。明宗即命王晏球进讨，契丹也派秃馁率万骑来救，经过反复较量，次年二月，唐军收复定州，王都举族自焚，秃馁被生擒处斩。其后多年，契丹不敢轻易南下。定州争夺战表明：中原国家对于游牧民族的强大骑兵也不是绝对不能战胜的。

后唐明宗在继承人问题上却有失明断，他有一大帮儿子、养子和女婿，大多都具有觊觎帝位的实力和野心。他一去世，后唐就陷入皇位争夺危机中。清泰元年（934），明宗的养子、潞王李从珂起兵，把即位不到半年的明宗的儿子、闵帝李从厚给杀了，自立为帝。镇守太原的河东节度使石敬瑭作为明宗的女婿，也是一个有实力的军阀，李从珂十分忌防他，却不懂驾驭笼络，还公然激化矛盾。石敬瑭的妻子入朝贺寿毕，当殿辞行，李从珂竟当她面说："急着回去，不会是要与石郎造反吧？"

清泰三年（936）五月，李从珂将石敬瑭移镇郓州，并急着催他赴任。此举用意过于露骨，早有异心的石敬瑭当然不愿束手就范。他的掌书记桑维翰和都押衙刘知远都指望在主子称帝中分一杯羹，竭力鼓动他揭出反旗。桑维翰教唆道："契丹主近在咫尺，你能诚心屈节，朝呼夕至，何患不成？"于是，石敬瑭公开反叛，后唐派张敬达围攻太原。为解除后唐大军讨伐他的困境，石敬瑭不仅向辽国乞求援兵，令桑维翰草表向耶律德光称臣，并以父礼侍奉，答应灭唐以后将卢龙一道和雁门关以北诸州割让给契丹。耶律德光见中原有机可乘，大喜过望，答应秋高马肥时即倾国赴援。

九月，唐军在雁门关等险要隘塞居然不设防，耶律德光亲率5万骑兵长驱直入，直抵太原城北。当晚，石敬瑭出北门拜见比自己年轻10岁的耶律德光，"论父子之义"，"恨相见之晚"。次日，石敬瑭和辽军对张敬达的后唐军完成了反包围。

十一月，经过一番交易，耶律德光决定立石敬瑭为晋帝，作为交换条件，石敬瑭向辽称臣、称子，把燕云十六州割给契丹，每年向辽纳帛三十万匹。所谓燕云十六州是北宋以后的习称，当时包括幽州（今北京）、蓟州（今河北蓟县）、瀛州（今河北河间）、莫州（今河北任丘北）、涿州（今河北涿州市）、檀州（今北京密云）、顺州（今北京顺义）、新州（今河北涿鹿）、妫州（今河北怀来东南）、儒州（今北京延庆）、武州（今河北宣化）、云州（今山西大同）、应州（今山西应

县）、寰州（今山西朔县东北）、朔州（今山西朔县）、蔚州（今河北蔚县西南）。

打开地图，即可发现这十六州都连绵分布在长城南侧，其中莫、瀛两州还深入到河北平原的腹地。在古代战争中，骑兵对于以步兵为主力的中原军队无疑具有绝对的优势；而在军事地理上，长城对北方游牧民族骑兵的南下则能起到防御屏障的作用；而紧挨长城南侧的燕云十六州是长城防线赖以存在的有力依托，与长城构成唇齿相依的关系。如今这十六州划归了契丹，不但使得今河北蓟县逶迤直到今山西朔县的千余里长城防线都成为辽朝境内的摆设，而且把长城南侧可以在军事上布防的隘塞险要也一并拱手让给了辽国。这样，辽国控制了长城，占领了燕云十六州，就像把守了中原王朝的北大门一样，随时可以长驱深入，直捣中原腹地。其后，不仅华北平原，而且整个中原王朝就完全敞露在北方铁骑的攻击力下，彻底处在屏障尽撤、无险可守的境地。

石敬瑭割弃燕云，自毁长城，直接导致了北宋王朝在宋辽对峙中始终处于劣势地位，也直接导致了金国能轻而易举地灭亡北宋，从而再度形成宋金之间南北朝的局面。也可以说，两宋300余年的外患局面都是石敬瑭此举种下的恶果。石敬瑭个人之无耻自不待言，王夫之痛斥他："德不可恃，恃其功；功不可恃，恃其权；权不可恃，恃其力；俱无可恃，所恃以偷立乎汴邑而自谓为天子者，唯契丹之虚声以恐吓臣民而已。"石敬瑭对历史来说也是千古罪人，这点并不因为现在是多民族统一国家而可以一笔勾销，问题还要放到当时的历史环境中去考察。当时，中原国家与契丹分明是敌国，石敬瑭为了自己能做中原王朝的皇帝，不惜出卖国家的利益，由于他的无耻举动，中原社会经济在数百年间蒙受巨大的损失，历史发展因此增加了许多负面的变数，石敬瑭对此是难辞其咎的。

燕云十六州划归辽朝，对契丹来说，其军事意义自不待言；作为与中原文化交流的重要桥梁和窗口，其作用也是显而易见的。最具意义的是对契丹立国的深远影响。可以说，倘若没有燕云十六州，契丹充其量只是北方边境的一个地方民族政权。而燕云州县的并入，使辽国增加了一个具有封建传统的新组成部分，采用原先的头下州军的办法，显然不能长久有效地统治这一地区。于是就有了一系列更为深刻的统治政策的调整，包括政治制度、经济结构、法律规定和文化习俗诸方面。

燕云州县的封建农业经济在契丹社会经济中始终是相对独立的，并占有举足轻重的地位。一方面，它作为社会经济的先进模式，刺激和引导着头下州县乃至契丹全境的封建化进程；另一方面，它作为辽朝最先进的经济区，是契丹得以在北方立国并与中原王朝以南北朝抗衡的不可或缺的经济支柱。同是燕云十六州的归属，对于中原与契丹的利弊得失就是这样牵一发而动全身。

公元 936 年闰十一月，后唐赵德钧与子延寿率领援军逗留不进，暗地也效法石敬瑭，与耶律德光做起了交易，希望辽国立他为帝。耶律德光见其兵力颇强，便脚踩两只船，也拟允诺。石敬瑭听说，唯恐被唾弃，即派桑维翰面见耶律德光，诉说赵德钧不忠于唐、不信于辽，而许诺自己若得天下，"将竭中国之财以奉大国"。耶律德光表示"兵家权谋不得不尔"，桑维翰跪在耶律德光帐前，自旦至暮，涕泣力争，耶律德光这才指着帐前的石头对赵氏使节说："我已许石郎，石头烂，才可变。"

其后，辽军不仅攻克了被围八十余日的张敬达部队，并将赵德钧的援军悉数歼灭。耶律德光对石敬瑭说："我若南进，河南之民一定惊骇。你自引兵南下，我派 5000 骑护送你入洛。我且留在太原，等洛阳平定，我才北归。"临行，耶律德光与石敬瑭宴别，再次执手约为父子，并告诫道："子子孙孙，各毋相忘。"听到石敬瑭整军南来，李从珂举族自焚而死，后唐灭亡。

耶律德光这才班师，这次南攻，可谓是志满意得。对他来说，扶立石敬瑭并非与其有特别的情义，他一度准备利用存有二心的赵德钧，就是例证。作为辽国皇帝，只要谁能出好价钱与辽朝死心塌地结盟，他就立谁。而石敬瑭贡献燕云十六州，称臣称子，所允诺的两方面条件都已难加码，他才选了石敬瑭。

　　石敬瑭在位 7 年，真像龟儿子一样侍奉辽朝，每年除岁币外，赠送珍玩，不绝于道，甚至对契丹的太后、太子、诸王、大臣都各有进奉。辽朝稍不如意，就严词谴责，但他仍小心谨慎，唯恐闪失。因而耶律德光对他还颇满意，让他上表不必称臣，只须自称"儿皇帝"就可以了。

　　后晋向辽割让了雁门关以北的州县，原在这一地区的吐谷浑也归辽国管辖，但因不堪契丹统治的苛虐，颇有族帐再度奔归后晋。辽朝屡责后晋纳降，晋高祖石敬瑭忧恐得病，会同五年（942），一命呜呼，其子石重贵即位，是为后晋出帝。

　　因拥立有功的景延广建议，后晋告哀表章向契丹称孙而不称臣。耶律德光见表大怒，他当初却也让石敬瑭只称儿不称臣，但这是恩准的，你继位者不经许可岂能如此？于是遣使责问，景延广回答说："高祖是大辽所册，今主乃我国自立。为邻称孙则尚可，奉表称臣则不可。"耶律德光闻报，便有教训后晋的打算。而投靠契丹的赵延寿称帝中原梦还未破灭，一再鼓动南击后晋，耶律德光被说得心动。

　　会同七年正月，耶律德光命赵延寿率前锋 5 万骑，自率大军南下攻晋。现在，辽骑越过长城真是易如反掌，未几，耶律德光就在元城（今河北大名）建牙帐，对前来求和的晋使说，后晋必须割让河北诸州。见后晋没有回应，便进军至澶渊（今河南濮阳），双方激战，互有胜负。时已三月，黄河开冻，辽骑不便久留，只得回师南京（今北京），所过方圆千里，民物焚掠殆尽。这次南下，已把 60 年后的澶渊之役景况预演了一番。

　　契丹连年攻晋，中原饱受兵燹肆虐，契丹也人畜损失严重，双方都深受战争之苦。述律太后问耶律德光："你为什么要作汉人之主？"答曰："石晋负恩，不可容忍。"太后又说："你即便得到汉地，也不能居住。万一有蹉跌，后悔不及！"她对臣下说："汉儿怎么能睡安稳觉啊！汉儿果能回心转意，我们也不惜与他们议和！"后晋再派使者上表称臣，卑辞谢罪，但耶律德光却不肯善罢甘休，提出议和条件：一是景延广亲自赴辽谢罪，二是割让镇、定两道归辽。后晋认为契丹缺乏和意，也就没了下文。

会同九年（946）深秋，耶律德光大举南下，与前来应战的后晋杜重威军在滹沱河中渡（今河北石家庄北）夹河对峙。耶律德光分兵将晋军包围起来，断其粮道和归路。眼看内外隔绝，粮尽势穷。杜重威派人到契丹牙帐谈投降条件，耶律德光再次以"帝中国"为诱饵，十二月，杜重威率 20 万大军束手投降。扫除了南进障碍，耶律德光便挥师直取后晋都城东京（今河南开封）。

会同十年（947）正月元日，耶律德光在东京封邱门外接受晋少帝举族出降，降封晋少帝为负义侯，将其与家人押送至黄龙府（今黑龙江农安）羁管，后晋灭亡，随即入城，在御元殿受朝贺。他问群臣："我想选一人做中原之君，如何？"群臣都表示：天无二日，愿意拥戴他君临中原。于是，二月初一，他改服中原皇帝衣冠，用中原王朝礼仪接受蕃汉群臣的朝贺，改国号为大辽，改年号为大同，有久据中原之意。

耶律德光对群臣说："自今不用甲兵，不买战马，轻赋省役，天下太平！"然而，他的所作所为却与太平大同的许愿完全是南辕北辙的。他下令在京城和诸州检括士民钱帛，名义上说是赏赐给契丹士兵的，实际上却藏之内库，准备运回契丹。当有人建议给契丹骑兵发粮饷时，他依然纵容骑兵四处剽掠，实行契丹"打草谷"的旧法，东京、洛阳数百里间财畜被抢劫一空。中原人民不堪契丹的暴行，发誓要把契丹兵赶回去，不断群起袭击辽兵，并攻克了宋州（今河南商丘）、亳州（今安徽亳县）、密州（今山东诸城）。

耶律德光不得不承认："我不知中原之人如此难制！"于是，他改变初衷，把一些节度使打发回原先的驻地，自己打算回辽国去。三月，他率领大军，捆载着图书、仪仗等后晋库藏浩浩荡荡北归，随同北上的还有后晋官员、方技、百工、宫女、宦官数千人，这一场景也几乎是 180 年后靖康之变的预演。

四月，在回师的路上，辽太宗所过城邑多为废墟，感慨地说："导致中原如此，都是赵延寿的罪过啊！"这当然是推脱责任之言，但

他也终于说出之所以不能在中原立足的原因："我有三失，难怪天下要背叛我。一失是诸州括钱，二失是令契丹人打草谷，三失是没有及早派各节度使回镇守之地。"行至沙胡林，耶律德光病死。为防止尸体腐化，他被开膛剖腹，放盐数斗，汉人称之为"帝羓"（即皇帝肉干）。

契丹大军被赶回了辽境，但只要燕云十六州仍在辽国手里，类似后晋灭亡的阴影，随时在中原王朝的头顶上盘旋，其后的历史确实一再重演了相似的片段。

强行南征，耶律阮美梦断

耶律阮（918—951）即辽世宗，947—951 年在位。小字兀欲，太祖孙。"仪观丰伟，内宽外严，善骑射，乐施予，人望归之"（《辽史》）。从太宗灭后晋，封永康王。北返途中，太宗死，他于枢前即位。述律后支持少子李胡争位，他兴兵败之。后因屋质调解罢兵，尊号天授皇帝。天禄四年（950）领兵攻后汉，次年攻后周。军至归化州（今河北宣北）祥古山，被泰宁王察割杀死。

耶律德光逐鹿中原，没想到陷入重围，只好匆忙北撤，在 947 年四月，死于河北栾县（今河北栾城）的沙胡林。

耶律德光的死使辽的帝位又成了众人争夺的焦点。原来人皇王，即东丹王耶律倍投奔后唐之后，他的长子耶律兀欲还留在辽国，封为永康王。他也随耶律德光南征中原，所以在耶律德光死时他正在军中，由于死得突然，军营中再没有更合适的人选来统率三军，所以众将商议让耶律阮继承帝位。

但当时还有两个人有继承皇位的资格，一是太宗的弟弟李胡，另一个则是太宗的长子耶律璟。由于述律太后常说要让李胡继承皇位，所以，耶律阮开始很犹豫。他找来耶律安搏商议。耶律安搏是耶律迭里的儿子，耶律迭里在过去曾支持耶律兀欲的父亲耶律倍即位，被述律太后处死。他此时是耶律阮的亲信，他认为耶律阮聪明宽容，又是耶律倍的长子，现在应当当机立断，以免丧失时机。其他人如南院大王耶律吼和北院大王耶律洼也认为如果去请示述律太后，必定会让李胡即位，而李胡性情暴虐，不得人心。最后大家一致拥立耶律阮即位，地点在镇阳（今河北栾城北），史称辽世宗。

耶律阮私自即位的消息传到述律太后那里，太后大怒，连忙派儿子李胡领兵南下，想把皇位夺回来。第一次交战，李胡大败而退，耶律阮领兵追赶，和李胡兵在潢河（今西拉木伦河）的横渡隔河对峙。李胡将对方众将的家属抓到军中，放言说："我如果战败了，先杀了你们。"这使得辽国内部人心大乱。

在这紧急关头，富有深谋大略的耶律屋质来往于双方军中进行调解，终于避免了一次内部残杀。

耶律屋质到达耶律阮的军中，耶律阮给祖母述律太后的回书很不客气，屋质便劝说道："这么写信，怎么能化解恩怨呢？臣认为应该尽力和好，这才是最好的结果。"耶律阮却说："他们是群乌合之众，怎么能抵挡得了我的千军万马？"屋质一听也不示弱，说："既然他们不是你的对手，那你又怎么忍心去杀自己的同胞兄弟呢？何况现在还不知道胜负，即使你侥幸取胜了，大家的家属都在李胡手里，性命难保，我看最好还是讲和吧。"耶律阮问："那怎么讲和？"

屋质说："和太后见面，大家把各自的怨恨都说出来，讲和也就不难了。如果讲和不成，再刀兵相见也不晚。"

但一朝见了面，双方又各不相让。言语激烈，互相指责，没有了讲和的迹象，耶律屋质又从中尽力撮合。

述律太后对耶律屋质说："你要为我说话啊！"

耶律屋质说："太后如果能和大王尽释前嫌，那我就替您说话。"

太后说："那你说吧。"

耶律屋质说："早先人皇王在世时，为什么要立嗣圣（指太宗耶律德光），不立人皇王？"

太后说："立嗣圣是太祖的意思。"

耶律屋质又回过头去问耶律阮："大王为什么擅自即皇帝之位而不请示长辈太后呢？"

耶律阮没有正面回答，却说："父亲人皇王原来当立却没有立，所以他老人家才逃奔了唐朝。"他的意思是：父亲原来就应当继承皇位，但没有继承，现在由我来继承正好还了先前的债，理所应当。

耶律屋质见双方毫不相让，便严肃地说："人皇王舍弃父母之国逃奔唐朝，你说应不应当？大王见了太后，不知道道歉，却只提旧的恩怨。太后则是固执于偏爱，假托先帝遗命，随便授予皇位。你们这样，怎么能讲和呢？还是赶快交战吧！"说完屋质愤愤地退到一边。

述律太后本来就人单势孤，军队也无法抗衡，现在耶律屋质又撒手不管，急得流着泪说："先前太祖时就有众兄弟作乱，致使天下遭难，国家疮痍还没有恢复，怎么能再让兄弟残杀呢？"耶律阮见祖母这样，也动情地说："父亲一辈的人没做好，我们晚辈的怎么能不做好呢？"最后双方终于在耶律屋质的调解下讲和了。

述律太后问耶律屋质由谁即位为好，屋质说："太后如果让永康王即位，则顺乎天意，合乎人心，不必再有什么犹豫了。"

站在一旁的李胡一听就恼了："我还在这儿，兀欲怎么能立呢?！"

耶律屋质转身斥责道："自古以来传位以嫡长为先，不传众弟。过去太宗之立，本来就有错误，何况你暴戾残忍，多有人怨。万口一辞要立永康王，你怎么能和他争夺王位呢？"

述律太后也对李胡说："你听到了吧？这都是你自作自受！"李胡无奈只好作罢。

就这样，双方订立了有名的横渡之约，避免了一次兄弟之间的残杀，而皇位终于转到了耶律倍一系中。后来，又转到耶律德光一系一次，然后，第二次转到耶律倍系，从此一直维持不变。

耶律阮在横渡之约后，皇位基本稳定，然后他采取措施巩固自己的帝位。一是对太后和李胡，他们回到上京后，还想再次发难，为防意外，耶律阮便将他们软禁到了祖州（今昭乌达盟林东镇西南），然后将同党的其他骨干处死，才算彻底解除了后顾之忧。

对于拥立他即位的功臣们耶律阮也论功行赏，让耶律安搏统率腹心部，总领宿卫，还赐给奴婢一百口。耶律阮还效仿汉族制度设置了北枢密院，让耶律安搏做北枢密院使，掌管辽的军政大权，成为耶律阮事实上的宰相。

耶律阮的强化统治措施还包括镇压叛乱。原来许多拥护他即位的人是因为原来和述律太后有矛盾，等世宗地位一稳定，这些守旧的贵族们又和耶律阮产生了矛盾，以致最后兵戎相见。因为耶律阮倾慕中原风俗和政治制度，任用很多的汉人担任要职，这引起了旧贵族的不满。

在天禄二年（948）正月，耶律天德、萧翰和刘哥、盆都反叛。结果被发觉，耶律阮将耶律天德处死，杖责萧翰，流放了刘哥，让盆都出使外国以示惩罚。

第二年，萧翰和公主阿不里联络明王耶律安端谋叛，被耶律屋质得到书信，报告了耶律阮，耶律阮将萧翰诛杀，阿不里则在入监狱后死去。安端的儿子察割很狡猾，他假装揭发父亲的罪行，痛哭流涕，骗得了耶律阮的信任，结果，耶律阮只是将他的父亲安端贬到外地统领部族军队。察割则留在了朝中，为以后埋下了隐患。

察割表面一套，背后一套，偷偷谋划着篡夺皇位。这没有逃过耶律屋质的眼睛，但他向耶律阮汇报时耶律阮却不肯相信。在屋质再次劝说采取措施时，他却说："察割舍弃父亲而辅佐我，不会有什么事的。"耶律阮的轻信和大意使自己最后死于非命。

嗜杀成性，辽穆宗终遭戮

辽穆宗耶律璟（931—970），即位前封寿安王。天禄五年（951）耶律阮被察割等人所杀，时璟随征在军中，诛察割，即帝位。这样，皇位又一次到了辽太宗一支。应历十九年（969）二月，为近侍小哥等人所杀，附葬怀陵。

耶律璟虽然登上了皇位，但他的宝座并不稳定，和他的父亲一样面临着众多兄弟的争夺。在皇位继承方面，虽然在西周时期就确定了嫡长子继承制，但并没有得到很好的执行，秦朝的秦二世，后来唐朝的唐太宗，还有清朝的在位皇帝自选接班人的制度，都没有严格执行嫡长子制度。

为了巩固自己的地位，耶律璟和一般的皇帝一样，对异己力量进行了排斥。原来和耶律阮关系近的大臣，或者罢官，或者不再重用。比如耶律颓昱，本来对他继承皇位立下了大功，耶律璟也许诺他给本部大王之位，但因为耶律颓昱老是念念不忘辽世宗对他的恩情，所以耶律璟很不高兴，给他大王的许诺也就束之高阁了。

对于敢公开反对他，进行谋叛的人，耶律璟也毫不手软地镇压。

952 年的六月，耶律璟即位不足一年，担任政事令的国舅肖眉古得和宣政殿学士李澣商议投奔后周，李澣给在后周做官的哥哥李涛写信，说契丹的君主不好，只知道喝酒游猎，没有大志向，建议后周用兵。最后事情泄露，肖眉古得被杀，李澣被处以杖刑。

事情刚刚平息，在七月，耶律阮的弟弟耶律娄国又想自立为帝，被耶律璟绞杀，同谋耶律敌猎被凌迟处死。

此后谋反事情不断，使得耶律璟疲于应付：

953 年的十月，李胡的儿子耶律宛也来争夺皇位，还涉及了自己的弟弟，连原来耶律阮的重臣耶律安搏也牵连在内，结果，安搏死于监狱中，其他人被处死，而弟弟和耶律宛却被释放了。这和他的父亲耶律德光惩罚反叛的兄弟一样，没有像汉族兄弟间的争夺基本都是以残杀为结果的。959 年十一月，四弟弟敌烈主谋反叛，被平息后，和上次一样，其他人被杀，敌烈却被释放了。为了警示众人，耶律璟还专门进行大规模的祭祀天地祖先。

960 年的七月，政事令耶律寿远和太保肖阿不等人谋反，最后都被处死。不久，十月又发生李胡儿子耶律喜隐的叛乱。耶律璟将李胡父子都抓进了监狱。

除了镇压之外，耶律璟还禁止大臣们随便议论朝政，许多大臣就是因为议论朝政而被贬官、罢官的。

耶律璟虽然将这些叛乱都平息了，但无法从根本上杜绝这类事情的发生，最后一次的谋叛他没有能制止，结果在他被杀后，耶律阮的次子耶律贤便取得了皇位，政权又一次转到了耶律倍的一支，而且一直传到了辽末年。

耶律璟在位时，南面的政权是后周，这是五代中最有势力的一个王朝，后周的改革使各方面的实力大增。周世宗更是五代一个有雄才大略的皇帝，而耶律璟的内部却很不稳定，不用说反叛不断，他本人也是个喜欢喝酒、打猎、游玩的皇帝，没有什么大作为，这样的两国交战，胜负自然就很明显了。

954 年的二月，周世宗刚刚即位，北汉的刘崇便想趁机进攻，觉得周世宗在服孝期间必定不会出兵，于是要求辽派兵相助。耶律璟派耶律敌鲁去助刘崇，又让杨衮率领 1 万铁骑和奚等部 5 万人，出兵一起攻打后周。

周世宗不顾冯道的阻拦，决意亲征。三月，两军在高平（今山西高平）展开了激战。杨衮见后周军队军纪严明，提醒刘崇不要轻敌，但刘崇根本不听，反而出言不逊，杨衮气得领兵闪到一旁观战。开始

时后汉军队占了便宜，但在周世宗和后周大将赵匡胤的督率下，后周反败为胜，将后汉军彻底击溃。后周军乘胜紧追，几乎将刘崇全歼。杨衮因为没有参战，领兵返回辽国。

959年四月，周世宗在征发南唐大胜之后，取得了南唐的江北十四州，国力骤增。他趁辽国势力下降的有利时机，领兵大举北伐，取得了三关的胜利。

三关即益津关（今河北霸州市境内）、瓦桥关（今河北雄县旧南关）和淤口关（今河北霸州市东）。

周世宗命韩通从沧州经水道进入辽国境内，结果契丹刺史王洪进投降。然后，韩通和赵匡胤等将领领兵水陆并进，先后拿下三关，几乎都是接受辽国守将的投降而得，兵不血刃。

周世宗能够在短期内取得大的胜利，主要是两方面的实力对比所致，一个皇帝昏庸，一个皇帝英勇，而耶律璟又认为这些地方本来就是汉族之地，现在他们拿回去也没什么值得可惜的。

但周世宗由于多年劳累过度，病死于军营中，后周由此退兵，耶律璟也返回上京，以后的战争就是辽和北宋的了。

赵匡胤在统一南北的问题上采取了先南后北的策略，结果丧失了良机，等他平定南方之后，再回头想统一北方时，辽已经不再是原来耶律璟时的弱势了，反而对宋构成了威胁。

耶律璟在平定叛乱稳定政权之后，觉得帝位已无后顾之忧，于是更加放纵。晚上喝酒作乐，直到第二天早晨，然后白天就大睡其觉，政事便放在了脑后。因此得了个"睡王"的称号。

耶律璟的游猎不分季节，不管寒冬还是盛夏，只要高兴，便去游猎。在游猎的时候也不忘喝酒，大概是吃野味下酒更有风味吧，而且"睡王"的兴致极高，每次游猎喝酒都要长达七昼夜才肯结束。

喝了酒，耶律璟的脾气没有见好，反而更坏了，动不动就找碴儿杀人，视人命如草芥。晚年时就更残暴了，左右侍从稍有过错，就被他亲手杀死，弄得侍从们整天提心吊胆。大臣们对他也是敢怒不敢言。据说耶律璟杀人是听信了女巫肖古的话，取人胆造延年益寿的仙药。

耶律璟自己残暴，却常常叮嘱大臣们进谏，大臣们见他残暴，谁也不敢劝谏。耶律璟的残杀在历史上有很多的记载：

963年，正月，耶律璟昼夜喝酒共九天，杀海里。三月，杀养鹿人弥里吉，并枭首示众。六月，侍从因为伤了獐，被穆宗杖杀。

964年，二月，肢解养鹿人共7人，十一月，又杀近侍于宫中。

965年，三月，近侍东儿因为送吃饭的刀、筷慢了，被耶律璟杀死。十二月，借口近侍喜哥私自回家，杀掉了他的妻子。

966年，正月，杀近侍白海和家僮，九月，在重阳节大摆宴席，夜以继日地饮酒，最后杀死养狼人。

此后，到969年，几乎每年都有杀人的记录，说耶律璟嗜杀成性一点也不过分。

由于耶律璟的残暴统治，辽的国势日益衰微，政治黑暗，兵将疲弱，无法应付紧急局势，全国上下怨声载道。再加上耶律璟赏罚不明，不理朝政，反而嗜杀成性，最后死于非命也就没什么让人惊讶的了。

耶律璟也似乎知道自己不得人心，在出行时命令在停留之地，立下明显的标志，禁止其他人随意通行，违者处死。这样做是为了自己的安全，但躲了初一，躲不了十五。

耶律璟的游猎场地大多数在怀州（今内蒙古巴林左旗林东镇），当地有几座山风景秀美，麋鹿成群，很适合打猎。一是黑山，一是赤山，还有太保山。穆宗一年四季打猎，基本上都在这几座山里。

在969年的二月，耶律璟又来到黑山游猎，在和随从们饮酒时又喝醉了。可能是在半夜时醒来后，向左右要食物吃，结果没人答应，耶律璟大怒，要杀做饭的人。这些人很害怕，连夜就起来反抗了，共六个人，有近侍，有做饭的厨子，以送饭为掩护，持刀进入耶律璟的营帐，杀死了耶律璟。耶律璟的残暴，对近侍的残忍终于有了恶报的结果。

耶律璟死后，帝位又转到了阿保机长子耶律倍一支，由耶律阮的次子耶律贤即位，这就是辽景宗，景宗和之后的圣宗经过改革，使辽达到了全盛时期。

第 六 章

匡胤建宋，结束分裂

　　五代十国时期的结束，预示着新时代的到来。赵匡胤从无名小卒到掌权将领再到黄袍加身的王者，也一步步见证了后周的灭亡和大宋的崛起。中国历史跨入了新的一页，其征战统一、文治武功都告诉我们宋统治阶层不愧为新历史的书写者。

壮志未酬，后周英主柴荣

中国历史上的皇位继承当中，一般只有父传子、叔传侄、爷传孙，最不济的也是同姓家族中的堂兄弟或养子等，绝不可能传给外姓。只有后周时的周太祖郭威传给内侄柴荣，是唯一的例外。

不过这柴荣确实给郭威争气，他当上皇帝后，把后周国力发展得蒸蒸日上，给后来的北宋留下了大好的基业，只可惜他死得太早，不然就不可能有唐宗宋祖里面这一"祖"了。不过他不死，也许赵匡胤也能篡位称帝，毕竟柴荣把军权都交给了这个居心叵测的小人，如果柴荣泉下有灵，也只能后悔自己为什么要用赵匡胤了。

柴荣的父亲是郭威皇后的哥哥柴守礼。柴荣自幼就随姑母在郭威家，郭威对这个内侄很是喜欢，视同己出，后来就收他为养子。柴荣小时聪明伶俐，且为人谨慎。他曾跟随大商人远走江陵，做茶叶生意。由于从小跟从原本贫寒的姑父郭威，行商走贩跑过许多地方，接触到下层社会各色人物，所以柴荣既懂得民间疾苦，也看到官吏的腐败与残暴，深知当时社会的积弊。

后来郭威担任军职，柴荣也跟随姑父逐步地培养起军事和政治才能。951年，郭威称帝建周，柴荣则以"皇子"身份担任澶州节度使，受封为太原郡侯。在澶州，柴荣得以初步地发挥自己的政治才能，使他在地方上赢得了好名声。柴荣的政治才能和声誉，深得郭威的欢喜，并在自己百年后，将后周的皇位传给了他。

"新官上任三把火"，这第一把火，柴荣就烧在北汉身上。954年，北汉皇帝刘崇趁后周国丧，领兵攻周。柴荣率军亲征，在高平一仗，击溃北汉。高平大胜的第二天，柴荣烧了第二把火，即整肃军纪，将临阵逃跑的樊爱能、何徽以及偏将 70 余人统统按军法处置，临阵投敌的士兵亦皆就戮，使得军队风气大变，军威更加振奋。随后，柴荣便率大军北上，将北汉的太原城团团包围，但因粮饷发生问题，又加上连日大雨，柴荣只得下令班师回朝。

通过这次出征，柴荣认识到整顿军纪的重要，回都后更是大刀阔斧地进行了整顿军队的工作。对于作战有功的人，皆加官行赏，如赵匡胤因作战得力，升为禁军统帅殿前都点检。对于怯敌逃阵的人，则予以惩罚。他严明军纪，凡有犯法，不论何人，一概处罚。

通过整顿军队，后周的军事实力得以加强，军队战斗力大大提高，为以后的征战提供了良好的基础。

柴荣在郭威改革措施的基础上，进一步全面改革。

柴荣求贤若渴，他学唐太宗，无论什么级别的官员，只要有所见，都可以写成表章呈上，并从中发现和选拔经国之才。只要有才能，不管名位资历，柴荣都设法搜罗来，加以录用。柴荣还对科举做了整顿，955 年考进士时，礼部侍郎主考因循苟且，不做选择，柴荣命令重考，结果原取进士 16 人只有 4 人及第。柴荣还恢复久不举行的制科考试，广泛搜罗有用的人才。

柴荣在搜罗了大批人才的同时，还大力整顿吏治，反对贪污腐化。他自己自小艰苦朴素，称帝后依然保持了俭朴的作风，生活上力戒奢华。他禁止地方官进贡甘鲜食品，并要求各级政府中不急的事务一律停办，以减轻人民的负担。由于柴荣严格法制，力求做到刑戮不滥，狱讼无冤，使他的统治进一步稳固了。

进行政治改革的同时，柴荣也加强了国家的经济建设。

柴荣刚即位，就下令让军队中老弱伤痛自愿回家种田，还招抚各地流民，将无主荒地分配给流民耕种。他还下诏减免租税，实行新税法。为了获得更多的劳动人手，柴荣把手伸向了佛教寺院。955 年，柴荣下令毁佛，凡后周境内佛教寺庙，除有皇帝赦免的得以保留外，其余一律拆毁，每县只留寺庙一所，官僚贵族自后不得奏请建造寺院和

剃度僧尼。958年，柴荣推行均定田租的改革，下令进行大规模的查田，实行均租。柴荣还注重兴修水利，对京城开封进行了扩建。

柴荣的政绩还表现在文化事业方面，在整理历法、刑律、音乐等方面也做了有益的工作。他曾请精通历数的王朴修订历法，制成《显德钦天历》，并加以使用，取代了以前各种混乱不堪的历法。柴荣还命群臣编订《大周刑统》的新法律，颁布施行。柴荣又请窦俨考正雅乐，王朴也通音乐，柴荣时常亲自和王朴讨论有关问题，使失传多年的唐代音乐得以恢复，并流传到宋代。柴荣当皇帝的时间并不长，在日理万机、戎马倥偬之际，尚能注意文化事业，这在五代皇帝中是极为罕见的。

经过几年大力改革，后周已成为当时实力最强的国家，历史的发展让柴荣开始了统一中国的征程。

柴荣采纳先攻江淮以及江左南唐的主张。

955年，柴荣任命李谷为淮南道行军都部署，王彦超为副部署，统率禁军进攻寿州〔今安徽寿县〕，随后又于956年亲自指挥这一重大战役。后周的军队一路高奏凯歌，占有了江淮大量土地，但还是没有攻陷寿州。柴荣于是回到开封，开始编练水军，并于957年再次奔赴前线，亲自督战。经过一场血战，后周军队全歼南唐援助寿州的军队，共消灭和俘虏了4万多人，缴获战船、兵器不计其数，随后又逼迫寿州守军投降，终于占领了这一战略要地，获得了辉煌的胜利。

经过几个月的休整，柴荣又在同年第三次亲征南唐，柴荣水陆大军进抵长江，直接威胁到南唐的江南地区，南唐政权几乎无力抵抗，已面临崩溃了。李璟不得不再次派使臣向柴荣请和，尽献江北之地，表示愿将庐、舒、蕲、黄四州送给后周，划长江为界。周军已在江淮作战经年，若再下江南，恐契丹在后方乘虚来攻，于是接受了南唐的投降，和南唐签订了城下之盟。

959年，柴荣在取得江南大片土地，并逼迫南唐称臣后，又亲自统军北伐。后周大军沿途受到老百姓的欢迎，契丹的地方官吏纷纷投降或弃城逃跑，后周大军先后夺取了益津关、瓦桥关、淤口关三个重要关隘，以及莫州、瀛州、易州和固安县等地区。正当攻势凌厉、进军顺利的关头，柴荣突然患病，攻势不得不停下来，北伐就此停止了。

959 年，回到开封的柴荣病势越来越重，口里念叨着出师北伐死去，年仅 39 岁。

959 年，柴荣病逝，柴宗训即位。柴宗训即位后，百官均得以加官晋爵，赵匡胤被任命为宋州节度使，晋封开国侯，掌握禁军兵权。

960 年，契丹联合北汉大举入侵，赵匡胤率军出战，部队刚到陈桥，将士们就将黄袍披到了赵匡胤身上。于是，当了皇帝的赵匡胤率军开回开封，逼迫柴宗训禅位，后周遂亡。

做了皇帝的赵匡胤将 7 岁的柴宗训封为郑王，并于 962 年，命柴宗训离开开封，出居房州。到了 973 年，年满 20 岁的柴宗训就去世了，死因不明。

黄袍加身，赵匡胤建大宋

能够位列"秦皇汉武，唐宗宋祖"中，赵匡胤确实是有些本事，他是中国历史上唯一一位即位前是职业军人的皇帝，这与北宋注重技术，企图在中国历史打开出路，不因袭前朝作风的趋向有很大的关系。但这个以武功起家的皇帝，即位后却采取的是重文抑武的治国之策，这与他个人的经历和所处的时代不无关系。

本为后周大将的赵匡胤，在陈桥将黄袍披到自己的身上而建立北宋，当皇帝后，自然会害怕握有兵权的大将再度黄袍加身，这当然是他不愿看到的；而赵匡胤建立北宋前的约 200 年时间里，唐王朝拥有重兵的各藩镇在唐朝衰亡后，便纷纷拥兵自立，建立一个个割据政权，

想创立不世之功的赵匡胤也不希望看到这种局面在他所创立的北宋王朝重演。思来想去，还是重用手无缚鸡之力的文人好。但这样一来，这些封建文人倒是能在安定的环境里面做御用文人，做点治国之事，一旦有战乱发生，他们首先想到的是以和为贵，自然对主战派百般阻挠，这也就是两宋何以在少数民族政权面前不得不低头的原因。为了给他们的投降找个理由，于是便有了"大丈夫能屈能伸"这话。

赵匡胤年幼时就文武双全，不但书读得不错，而且习武方面也表现出天赋，几年下来，已是一个弓马娴熟、小有名气的骑手。

由于家道中落，新婚不久的赵匡胤不得不离家出走，前去投奔父亲旧时好友。但世态炎凉，他不但没有从这些有权有势的前辈那里得到关怀和帮助，反而受了不少的白眼和冷遇。

948 年，郭威广罗人才，21 岁的赵匡胤投奔郭威，成为郭的部属。951年，掌握后汉军权的郭威，谎称辽军南犯后汉，率军北上抗辽。军至澶州（河南濮阳），将士将黄袍披在郭威身上，拥立郭威为帝。郭威

赵匡胤

率军回后汉京师汴京（今河南开封），即皇帝位，国号周（后周）。赵匡胤因战功被提拔为禁军东西班行首，负责宫廷禁卫。

954 年，郭威病逝，柴荣即位称帝，是为周世宗。柴荣即位后，赵匡胤被调到中央禁军任职，并于同年二月随柴荣北上抗击前来进犯的北汉。后周和北汉在高平（今山西晋城东北）展开大战。战斗开始不久，人多势众的北汉军队就占了上风，后周大将樊爱能、何徽见阵势不好，吓得临阵逃脱。主将一走，士兵也跟着后退，一时间后周军队

阵脚大乱。在此紧要关头，赵匡胤对部下高喊："主危臣死，拼死效忠的时候到了！"随后持戟跨马，率先冲入敌阵，其部下的两千骑兵抖擞精神，跟随赵匡胤冲入敌阵。北汉军队受不住这突如其来的冲击，纷纷败退，后周军队转败为胜。

高平之战后，柴荣立即严肃军纪，将逃跑的大将樊爱能、何徽严厉处罚，擢升赵匡胤为殿前都虞侯，并委以整顿禁军的重任。在赵匡胤的主持下，后周禁军完成了汰除老弱、调选精壮和组建殿前司诸军三项工作。赵匡胤利用主持整顿的机会，发展自己的势力，将心腹罗彦环、郭延赟、田重进、潘美、米信、张琼、王彦升等人安插到殿前司诸军各重要部门，同时又主动与其他中高级将领结交，并同石守信、王审琦、韩重斌、李继勋、刘庆义、刘守忠、刘廷让、王政忠、杨光义等高级将领结拜为义社十兄弟，赵匡胤逐渐拥有了自己的势力。之后，伴随着后周世宗不断地南征北战，赵匡胤因功逐渐升迁，被提升为忠武军节度使兼殿前都指挥使。此后，赵匡胤不但结交武将，也与赵普、王仁瞻、楚昭辅、李处耘等文人来往，并罗致到麾下，成为心腹幕僚。

959年春，赵匡胤平生最怕的后周宰相王朴突发脑溢血而死，几个月后，周世宗也因病去世，其7岁的儿子柴宗训即位。为防止兵变，赵匡胤又被提升为殿前都点检，掌握了后周军权。此时的赵匡胤更有理由和实力篡位称帝，因此赵匡胤加紧活动，将自己的心腹——擢升为殿前副都点检、殿前都虞侯等职务。整个殿前司系统的所有高级将领的职务均由赵匡胤的人担任了，只剩下并不是赵匡胤势力圈子内的副都指挥使韩通，但他势孤力单，自然无法同赵匡胤相抗衡。赵匡胤现在是万事俱备，只欠东风，这个东风便是赵匡胤奉命出征。

960年的农历正月初一，后周君臣正在朝贺新年，赵匡胤指使人谎报军情，说是契丹与北汉联合入侵后周。契丹出兵镇（今河北正定）、定（今河北定州）二州，北汉兵自土门（今河北获鹿西南井陉口）东下。小皇帝柴宗训征求了宰相范质、王博的同意，宰相范质、王溥真假不辨，立即令赵匡胤率领禁军前往迎敌。

正月初二，赵匡胤率兵来到离开封几十里的陈桥驿。刚安顿好，便有赵匡胤的亲信在营中煽动说：天边有两个太阳，正在搏斗，一日克一日，这是天命。士兵们一传十，十传百，很快军中都知道"一日克一日"这件事了。

当晚酒后，赵匡胤假装酒醉卧床睡觉，赵匡义、赵普与将领们商议兵变，将领们赞同"立点检为天子"。赵普以"长保富贵"为由，要将领们听从指挥，并派人驰告殿前都指挥使石守信、殿前都虞侯王审琦等。第二天清晨，赵普、赵匡义率诸将至赵匡胤卧室，只见将校们手握刀剑，挤在院子里，齐声高喊"诸军无主，愿策太尉（对高级军事长官的尊称）为天子"。赵匡胤未来得及回答，一件象征着天子黄袍的黄色上衣就披在了他身上，众将校统统跪拜，高呼"万岁"。赵匡胤假意推拒后，宣布："若要当皇帝，就必须听从我的命令，并不得纵兵大掠，对周帝及皇族加以保护。"众将表示愿"唯命是从"后，随之火速回师开封，在早已等候在京城的石守信等人的配合下入城。入城后，未遇到后周文武臣僚抵抗，仅武将韩通抗拒兵变，为王彦升所杀。赵匡胤派潘美去通知范质、王溥。范、王得知兵变后，后悔莫及，被迫承认赵匡胤代周自主。事已至此，柴宗训也无计可施，只得召集百官，宣读了别人替他准备好的"禅位制书"，"应天顺人"地将帝位让给了赵匡胤，后周灭亡。当日，赵匡胤登位于崇元殿，受臣僚拜贺。后周恭帝降为郑王，迁居西京（今河南洛阳）。次日，宋太祖赵匡胤颁定国号为宋，宋朝正式建立，赵匡胤即宋太祖。

赵匡胤的捷足先登，只不过使后周旧臣失去了一次实现野心的机会，却没有打消他们的野心，他们有的在等待观望，希冀再起，有的则准备起兵，公开与新王朝决裂。

面对这种局势，赵匡胤以静制动，采取以稳定京城、笼络后周旧臣为主的方针，并根据这一方针，对后周旧臣实行了官位依旧，全部录用的政策，甚至连宰相也仍由王溥、范质、魏仁浦三位旧相继任。为了保证对后周旧臣笼络和收买的成功，对于那些恃势欺凌旧臣的新贵们，赵匡胤则毫不留情地严加处理。当年兵变入城时的先锋王彦升，自恃拥立有功，横行不法，曾敲宰相王溥的门以吓王溥，结果王彦升被贬为唐州刺史。但后周旧臣还是有人不满赵匡胤的登基，起兵作乱。960年春，昭义军节度使李筠举兵反宋，北汉又出兵南下，声援李筠，在扬州的周太祖外甥李重进也准备起兵响应，一时声势浩大。面对这种局面，赵匡胤首先拉拢只是求富贵的李重进，赐他"铁券"，以示永保富贵，誓不相负。然后以赵光义及赵普、吴延祚留守东京，赵匡胤本人亲征李筠。在身为皇帝的赵匡胤身先士卒的精神鼓舞下，士兵们自然是人人争先，奋勇杀敌，很快大败李筠，将北汉军队赶走，李筠走投无路，自焚而死。随后赵匡胤又掉头南下，征服了扬州李重进，宋初的"二李之乱"得以平息，赵匡胤与后周旧臣之间的矛盾也基本上得到解决。

解决了与后周旧臣的矛盾后，赵匡胤又掉过头来，将矛头对准拥立有功，且手握重兵的大将们。赵匡胤深知，五代时期之所以会出现那种朝代更替、不暇稍息的现象，与其说是因为皇帝太弱，不如说是因为臣属太强。特别是那些领兵大帅，依仗手中的兵权，篡位弑主，易如反掌，是威胁皇权的最大势力。为了确保统治的稳固，赵匡胤决心采取更为积极的措施，收夺禁军将帅的兵权。有一次，赵匡胤把赵普找来，单独谈话，开口就问他："自唐末以来，五代更迭，征战不断，不知道死了多少老百姓，为什么会发生这样的情况？"赵普说："道理很简单。国家混乱，毛病就出在藩镇权力太大。如果把兵权集中到朝廷，天下自然太平。禁军大将石守信、王审琦两人，兵权太大，还是把他们调离禁军为好。"赵匡胤说："你放心，这两人是我的老朋友，不会反对我。"赵普说："我并不担心他们叛变，但是下面的将士如果闹起来，只怕他们也身不由己啊！"赵匡胤一拍大腿说道："幸亏你的提醒。"

961年的一个夏夜，赵匡胤将石守信、王审琦等禁军高级将帅留下，设便宴招待他们。待酒酣耳热之际，赵匡胤屏退左右，长叹了一口气，说道："如果没有你们的出生入死，鼎立辅助，也就没有我今天这个天子。可我今天做了这个天子，又觉得做天子也太难了，远不

如做节度使时快乐。自做了天子后，我从没有睡过一夜安稳觉。"石守信等人忙问："陛下为何事如此忧虑？"赵匡胤说："这还不明白，皇帝的位子，谁不想坐！"石守信等人听话中有话，又问："陛下为何口出此言，如今天命已定，谁还敢再有二心？"赵匡胤苦笑着说："你们虽然没有异心，可如果你的手下有那么一天，将黄袍披在你们身上，你们就是不想当这皇帝怕也不行吧？"众将听了，不由大吃一惊，急忙跪下哭泣道："请陛下给我们指条生路吧。"赵匡胤见时机已到，便说："你们不如将兵权交出来，然后我给你们高贵的官职和大批的赏赐，你们再买上一批好田宅，为子孙们留下一份产业，家中多置一些歌妓舞女，天天饮酒作乐，我也与你们互相结为亲家，君臣之间就再也不用互相猜疑，君臣和睦相处，这该有多好！"石守信等人听了这话，不管心里有什么想法，都急忙跪下向赵匡胤谢恩。第二天，他们都上疏称自己有病，不适宜领兵征战，要求解除兵权。赵匡胤十分高兴，对他们赏赐安抚一番后，随之宣布免去石守信、高怀德、王审琦、张令铎、罗彦环等人的禁军职务，让他们到地方州郡去做节度使，这就是历史上的"杯酒释兵权"。

"杯酒释兵权"后，赵匡胤将禁军完全掌握在自己的手中，并选拔了一批资历较浅的后辈武将担任官职，使其难以在禁军中形成根深蒂固的势力。

五代十国末期，全国都处在四分五裂的状态下。北有依附契丹的北汉，南有南唐、吴越、后蜀、荆南（南平）、湖南（楚）、南汉、漳泉（闽）等八个割据政权，严重威胁北宋王朝的安全和宋初中央集权的巩固，并且，要求统一的呼声日渐高涨，赵匡胤也有一统天下的雄心壮志。可是，面对这些强弱不一的割据政权，计划统一天下的赵匡胤也有些一筹莫展。起初，太祖打算先攻北汉，但遭到群臣的反对，这种反对是有根据的，当时北宋和北汉及辽的军事力量对比非常悬殊，要想先攻实力远胜于自己的北汉及其靠山辽国，确实失策。

一个雪夜，在家休息的赵普迎来了贵客赵匡胤。赵匡胤进屋后，心情沉重地说："我睡不着，所以想来和你聊聊，你觉得我是不是不应该先攻取北汉?"赵普沉默了良久,然后说:"北汉盘踞在太原地区,如果我们攻下太原,就要面对强敌辽国,我们不如先征服南方诸国,占有富庶的根据地,再回过头来解决北汉这块弹丸之地。"这就是北宋初年著名的"先南后北"的战略,即先消灭南方的几个割据政权,后消灭北汉政权,避免在统一南方以前与辽国发生正面的军事冲突。

正当赵匡胤准备出兵的时候,湖南的武平节度使周行逢病故,其11岁的儿子周保权继位。大将张文表起兵反对周保权,占领了潭州(今湖南长沙),并准备进军武陵(今湖南常德)。周保权连忙向北宋和荆南的高继冲求援,当时荆南处在各割据国的包围之中,国势衰弱,兵力不足3万。于是赵匡胤便上演了一场"假道伐虢"的话剧,制定了取道荆南,攻占湖南,一举削平荆湖的战略方针。

963年初,宋将慕容延钊、李处耘率领十州兵马,进发荆南。临行前,赵匡胤对慕容延钊和李处耘说:"出征湖南,必然要借道于南平,南平国势卑弱,可顺便将其攻灭。"

两位大将领命向荆南进发,并派人先赴江陵向高继冲假道。高继冲听后,立即召集部下商议。部下众说纷纭,拿不定主意,会议散后,便召叔父高保寅密商。高保寅说道:"先准备牛羊、美酒,借犒师为名,探探宋营情况,再做决定。"高继冲说道:"那就请叔叔走一趟了。"高保寅带着事先准备好的东西,前往荆门犒师。两位宋将善待高保寅,高保寅非常高兴,立即禀报高继冲,说宋军并无他意。

当夜,宋军以精锐部队为先锋,由李处耘率领直奔江陵。高继冲得知,立刻来到城北15里处迎接。与高继冲见面后,李处耘告诉他:"慕容延钊将军还在后面,你可在这里等候。"说罢,自己就率领大军进入了江陵城。

不久,慕容延钊来到,高继冲恭恭敬敬地陪着入城。回到江陵,高继冲发现宋兵已经占领了江陵的大街小巷,这才明白大势已去,无可挽回,只得顺水推舟,将全境三州十六县,尽献给北宋。

在占领荆南后,宋军继续进发湖南,这时,周保权已杀了张文表,

平定了叛乱，但宋军还是进入了湖南，周保权的部下没怎么抵抗，便投降归顺。至此，荆湖之地尽归北宋。随后，赵匡胤于964年年底，派大将王全斌、曹彬分兵两路，仅用66天的时间就灭亡了后蜀。

平定后蜀不久，赵匡胤曾先后两次进攻北汉，结果都以失败而告终，并且还损失了大量的精锐和辎重。赵匡胤痛定思痛，及时进行自我批评，决定继续实施"先南后北"的统一方针，于970年秋出兵攻取南汉。南汉以广州为中心，割据岭南两广地区达60年之久。在平定后蜀时，宋将潘美等就攻占了南汉的郴州，在接到赵匡胤灭南汉的命令后，潘美等立即出兵攻陷了贺州，随之连克昭、杜、连、韶四州，大败南汉军10余万于莲花峰下，并于971年春攻克广州，南汉灭亡。

赵匡胤平定南汉后，准备挥师平定南唐，但南唐大将林仁肇却让他心存顾忌。这林仁肇对李煜忠心耿耿，足智多谋，曾屡次大败吴越，因而赵匡胤想出一个绝妙的离间计，以除掉这个南唐最后的长城。

赵匡胤施行这条妙计时，颇费了一番周折。他首先是将奉哥哥李煜的旨意出使宋朝的李从善留在了汴京，一方面是为了留作人质，另一方面就是为了借李从善去实现离间计，因而李从善不得不留在北宋。李煜不知赵匡胤葫芦里面卖的是什么药，而又骨肉情深，因此经常派使臣前往宋朝，到李从善的住处了解情况。从此南北双方都频繁派遣使者。

过了一段时间，赵匡胤命一名画师扮作使臣，和其他使臣一同前往南唐。这位画师技艺高超，而且记忆力极强，即使和他见过一次面，他也能背着将你的肖像画出，并且惟妙惟肖，栩栩如生。这位"使臣"来到南唐，见了林仁肇，回到汴京后，立即把林仁肇的相貌画了下来，送到赵匡胤手中，赵匡胤便将画像命人挂到馆舍里。

一天，李从善被一个廷臣"无意"中带到馆舍，见到林仁肇的画像后，李从善惊异地问廷臣。廷臣故意支支吾吾，又犹豫了片刻才说道："阁下已在汴京待这么长时间了，我就对你说实话吧。皇上爱惜林仁肇的才干，特地写信给他，令他前来，他答应归附皇上，一时不便行动，就派人送来这画作为凭证。皇上准备把此馆赐给林仁肇，待他来到汴京，直接去担任节度使的官职。"李从善听后便将这一情况派使者报告给李煜。李煜大怒，当即传召林仁肇，问林仁肇是否接受过宋诏。虽然林仁肇被问得有些丈二和尚摸不着头脑，但他感到问题相当严重，尽管没有承认，回答还是支支吾吾。因而李煜更加相信林仁肇已和北宋来往，便不动声色地说："爱卿不必担心，因有人告发你，故朕向你问明一下，没有我就放心了！"然后设宴摆酒，将林仁肇毒死。消息传来，赵匡胤大喜，立即下令准备出征南唐。

974年秋，赵匡胤下令宋军会同吴越国主钱弘俶统率的吴越军兵分三路，从北、南、西三面向南唐进攻。

在宋军进兵之前，南唐有个书生樊若水，因屡试不第，上书言事也没被李煜理睬，决定北投大宋。他在采石矶以钓鱼做掩护，经过反复探测，精确地计算出长江的宽度、水深、流速等各种数据，然后向赵匡胤献上在长江架浮桥之策。赵匡胤正愁北宋大军无法渡江，见到樊若水，马上赐他为进士及第，封为赞善大夫，并按照他的设计打造战舰，做好了渡江的准备。当总攻发起后，江北宋军通过采石矶浮桥，渡过长江天堑。李煜根本没想到能在水深江阔的长江上搭桥，等他发现时，国都金陵已处于宋军的重重包围之中了。

在李煜拒不投降的情况下，宋军攻陷了金陵城。李煜在宫内堆积了一大堆柴火，发誓与社稷共存亡，到时赴火就义。可他又没有自杀的勇气，当曹彬率军杀进宫时，为保命他还是投降了。

灭南唐是赵匡胤统一南方的最后一仗，也是当时最大的一次江河作战。这次战争中的"浮桥渡江""围城打援"，是赵匡胤战略部署中的得意之举，也是古代战争史上的创举。

976年，赵匡胤死去，他的弟弟赵光义即皇位，史称"宋太宗"。他按照赵匡胤的既定方针，继续对吴越和漳泉施加压力，终于不动干戈，迫使钱弘俶和陈洪纳表献土，归降北宋，南方完全统一。随后，宋太宗一鼓作气，灭亡北汉，延续了数十年之久的分裂割据局面终于结束了，除了辽所控制的燕云十六州以外，汉族所聚居的中原地区和

南方的广大区域重新获得了统一。

在南北用兵、统一全国的同时，赵匡胤还采取了一系列措施，巩固和加强了专制主义中央集权，进而创立了一整套为其后代奉若圭臬的"祖宗家法"。

赵匡胤出生在五代十国群雄割据的年代，他非常清楚地方将领只要拥有重兵，便可黄袍加身的无耻行径，包括他自己，都是在拥有兵权后，方才篡位自立，进而取得天下。因此，赵匡胤在称帝伊始，首先就是削夺手握重兵的将领和地方节度使的兵权，这个他已经通过"杯酒释兵权"的方法加以解决，并派文官出任地方官吏，将兵权收归中央。在任命文官为地方官吏的同时，赵匡胤又害怕这些地方官吏在当地待的时间过长而拥有自己的势力，因而又下令地方官吏在一个地方任职不得超过三年，随后又收夺地方上的财权，要求各州除留有必要的经费外，其余税赋中属于货币的部分应全部送到京城，不得无故占留。

地方丧失了财权，自然也就无法屯兵自重了。赵匡胤为收地方精兵而创立的兵分禁、厢的制度，也为其后代一直沿袭下来，成为两宋兵制中的一大特色。

在他看来，地方权力集中到朝廷，还没有完全解决唐中期至五代以来"君弱臣强"的问题，因而进一步采取措施，削弱大臣的权力，使权力完全集中到自己一人手中。他采取的措施之一便是削弱宰相在朝廷中的地位，削夺相权，随后又在百官中推行"官、职分离，互相牵制"的任官政策。宋代官制中，"官"是品级，"职"是殿阁、馆阁学士一类的荣誉称号，亦没有实际权力，只有由皇帝或中书省"差遣"的临时职务才是实职，即执行实际权力的职务。这种职、权分离，名、实混淆的任官体制，使任何官员都无法集权力、荣誉、威望于一身，权大者并不一定职高，望重者并不一定位显，这就很难形成对皇权的威胁。同样，即使是临时"差遣"的实职，也是按照分权而相互牵制的原则进行安排的。

赵匡胤还在隋唐以来的科举考试制度的基础上加以继承、改革和发展，并规定殿试不再有淘汰制度，只要参加过殿试，都可以有做官的机会，并称其为"天子门生"，即皇帝亲自测试的人都拜皇帝为师，自称是皇帝的门生。同时，赵匡胤还着力改变重武轻文的旧风气，下令修复孔庙，开辟儒馆，沿用老学名儒，以劝励教化。赵匡胤认为，乱世用武，治世用文，进入朝廷的文臣再也不能只是当做点缀摆设，而应切实发挥他们的作用。

随着对文臣的重用，统治集团内部的那种畸形的文武关系得到了调整。原来那些骄横跋扈，视文臣为无用，甚至一言不合就要"砍杀"宰相的武将们不但见了宰相都要恭恭敬敬地唱喏问候，而且自己也在赵匡胤的劝告鼓励下，学着文臣的样子读起书来。

这样，一方面是调整中央与地方、君主与臣下的关系，使地方的行政、财政、军事等各方面的权力不断地向中央集中，最后又集中到皇帝一个人手中，形成了至高无上的君主集权制；另一方面又开科取士，重文用武，广罗人才，极力扩大这一专制统治的基础。在统一大局已定的情况下，赵匡胤并没有志满意得、忘乎所以，更没有因此而骄逸放纵，这在皇帝中也是非常难得的了。

作为一代明君，赵匡胤的死却成为历史上的一大疑案，史家众说不一，其中也有说是赵光义谋杀的。总之，赵匡胤之死，留下了千古之谜。不过，这样也更增添了这个"宋祖"皇帝的神秘。

风云名将，王彦超拒太祖

王彦超 (914—986)，字德升，大名临清 (今河北临西) 人。为五代及北宋初年的著名将领，屡建战功，声名显赫。官至右金吾卫上将军，封邠国公，宋初率子孙迁居义乌凤林乡 (今义乌市毛店镇尚阳一带)。

王彦超父王重霸，字定大，唐末跟随黄巢起义，后又归附于唐，授通奉大夫。907 年，唐亡，朱温在汴州 (今开封) 称帝，改朝换代为梁，史称后梁。其时，王重霸官居太子少傅，加尚书，后以光禄卿致仕。

后梁乾化四年 (914)，王彦超出生于大名府临清。因从小受到家庭的影响，自幼就胸怀大志，气度不凡，制行卓越，时以匡济天下为己任。

后梁龙德三年 (923) 四月二十五日，晋王李存勖在魏州称帝，国号大唐，史称后唐，建元同光，是为后唐庄宗。同年十月九日，后梁亡。

同光三年 (925)，后唐庄宗派其第三子魏王李继岌为都统，自洛阳出发，西征蜀国。时王彦超年仅 12 岁，就随军征战了。李继岌只用了 75 天时间就平定了蜀国，第二年班师回朝至陕西渭南时，不料部将李嗣源谋反，后唐庄宗被流矢所中而身亡。李嗣源即位，改元天成，史称后唐明宗，此时李继岌成了无国可投的流亡者。他的亲信皆置主帅于不顾而四散逃命去了，唯王彦超始终紧跟不离，直至李继岌遇害。

面对残酷的现实，少年王彦超看破红尘，萌生了出家之念，遂到陕西凤翔县重云山拜晖道人为师，出家修行。晖道人觉得王彦超并非凡夫俗子，就对王彦超说："你是富贵之人，怎么能屈居于此呢？"于是赠送银两衣帛劝王彦超还俗离山。王彦超深感晖道人的真心善意，不久即还俗，流落到当时相对安定的吴越（今浙江省一带），投靠在吴越王钱镠麾下为官。

吴越的创立者钱镠，唐末为杭州（今杭州）刺史董昌的部将，唐乾宁二年（895）二月，董昌以威海军节度使据越州（今绍兴）称帝，国号罗平。六月，唐以钱镠为彭城郡王、浙东招讨使讨伐董昌。次年五月，董昌兵败被俘后自杀，钱镠遂据有两浙。唐天复二年（902）晋封越王，唐天祐元年（904）改封吴王。后梁建立后，钱镠称臣，受后梁封为吴越国王，正式建国，以杭州为首府。

后唐长兴三年（932），钱镠死，子钱元瓘嗣位，遵遗命去国仪，自列为后唐藩镇，被后唐任为节度使，封吴越王，后晋天福二年（937）受封为吴越国王。此后新王嗣位，照例名义上自降为节度使列为藩镇，随即受封为吴越国王。后晋高祖石敬瑭见王彦超为人正直忠贞，在出兵讨伐陕西时，招至帐下，委以军机大权。天福初年，王彦超官迁奉德军校，转殿前散指挥都虞侯，领蒙州刺史，再转岳州防御使兼护圣左厢都校。后汉中，被封为复州（今湖北仙桃市）防御使。

后周时期，是王彦超大显身手、建立丰功伟绩的辉煌时期，他随太祖郭威南征北战，为后周的建立做出了不朽的贡献。

后周广顺元年（951）正月，王彦超率兵攻克徐州，为武宁（徐州）军节度使。八月，移晋州节度使，拒北汉入侵，授为晋绥行营马军都虞侯。

后周广顺二年（952）十月，改任河阳三城（今河南孟州市）节度使。

后周广顺三年（953）闰正月，加检校太尉。四月，由河阳三城移镇河中（今山西永济市蒲州镇），改河中节度使。

后周显德元年（954），后周太祖郭威驾崩，柴荣即位，史称世宗。同年正月，王彦超加同平章事。

北汉主刘崇认为后周太祖新死，是攻灭后周的最好时机，就请援

兵于辽，辽汉联军南下进逼潞州 (今山西长治)，后周世宗柴荣亲征，河中节度使王彦超从晋州起兵响应击敌东面。柴荣令王彦超会同陕府节度使韩通引兵入阴地关，与天雄军节度使符彦卿合军西进首攻汾州城。王彦超与符彦卿二军合攻锐不可当，北汉守军皆已惧怕，无心恋战，眼看城池攻破在即。然而王彦超却下令停攻，部将不解都来谏阻，认为胜利在望，岂可停止不攻。王彦超道："大兵压境，孤立无援，加上我军士卒精锐，以一当十，破城只是朝夕之间的事。遣军强攻，死伤必多。何必不少待一二日，令他归降为好？"众人听后，心悦诚服。乃收兵入营，只遣部吏入城投书，谕令速降。果然北汉汾州防御使董希颜从命，开城相迎，成为古代军事史上以谋取胜的一段佳话。

四月，王彦超收复石州 (今山西离石)，擒获北汉刺史安彦进，斩其于太原城下。七月，王彦超改忠武军节度使。移镇许州 (今河南许昌)，加兼侍中。

后周显德二年 (955) 三月，王彦超累官行营马步左厢都排阵使，他筑垒于李晏口，屯兵戍守，击退了契丹的入侵，保住了一方安宁。同年十一月，王彦超升为前军行营副部署。后周世宗派李毂、王彦超率军进攻南唐。十二月，王彦超破南唐援军于寿州 (今安徽寿县) 城下。次年王彦超改任永兴军 (今陕西西安) 节度使。显德六年 (959) 六月，原凤翔节度使李晖卒，王彦超改任凤翔 (今陕西凤翔县) 节度使。显德七年 (960)，恭帝接位，加王彦超检校太师，西面缘边副部署。王彦超自五代后周显德六年 (959) 首任凤翔节度使，至宋开宝二年 (969) 离任入京，在凤翔为官整整 10 年。凤翔在唐时就有西京之称，是军事要地。王彦超在凤翔任职期间，不仅防止了党项、西夏入侵，保卫了西北方的安宁，也为百姓办了许多有益的事情。据《中国通史简编》载，王彦超曾率军兴修水利，造福于民。同时，于宋初任节度使期间，王彦超在凤翔城内建了一座真兴寺，寺阁宏伟壮观，高 30 丈。现在这座寺已被列为陕西省文物保护单位，并进行了重修，使古老的真兴寺重展昔日雄风。

960 年春，赵匡胤发动了陈桥兵变，夺得天下，王彦超仍留任凤翔，任节度使并加中书令。为维持其赵氏政权，避免重蹈五代灭亡之覆辙，赵匡胤接受了枢密使赵普的建议，采取劝谕和胁逼并用手段，迫使武将们主动交出兵权。

开宝二年 (969)，宋太祖召凤翔节度使王彦超、安远军节度使武行德、护国军节度使郭从义、定国军节度使白重赞、保大军节度使杨廷璋等同时入朝，在皇宫后苑设宴。席间宋太祖举着酒杯对赴宴的各位节度使说："卿等均国家旧臣，随朕鞍前马后，南征北战，戎马倥偬，至今尚无休养安乐的时候，这实非朕礼待贤臣的本意。"王彦超马上听出了赵匡胤的弦外之音，领会了皇上的意图，即离席跪奏道："臣素来功微，承蒙恩宠。现年事已高，望能恩准我告老还乡。"宋太祖也马上离席亲自扶起且嘉慰道："卿可谓谦谦君子矣。"然而武行德等人却不明白皇上的用意，历陈平昔战功及履历艰辛。宋太祖听了冷笑道："这是以前的事，不值得再提了。"次日，宋太祖下诏，撤销了主要将领的职务，接着又收回了武行德等人的兵权，使节度使这个从 8 世纪中叶以来炙手可热的官职终于退出了政治舞台。此次设宴，唯王彦超主动交出兵权乞归田园之举，深为宋太祖的赏识，反而留镇如故。

不久，王彦超奉命入朝授右金吾卫上将军。太平兴国六年 (981)，封颍国公。

王彦超与宋太祖赵匡胤之间还曾流传有一段逸事。在五代后汉时，赵匡胤还是一个无业游民，为了闯天下，赵匡胤来到复州 (今湖北省仙桃市西北)，想投靠时任复州防御使的王彦超。赵匡胤的父亲赵弘殷与王彦超是同僚好友，并同任过岳州 (今湖北孝感市) 防御使。因此赵匡胤想通过这层关系，得到王彦超的重用和提拔。然而王彦超却没有收留他，只是给了 10 贯钱，打发赵匡胤走了。赵匡胤离开复州到了随州 (今湖北随州市)，投靠随州刺使董京本，董收留了赵。

赵匡胤黄袍加身，做了皇帝后，始终念念不忘这段不尽如人意的往事。一次，宋太祖与王彦超设宴围猎，在酒酣时道："朕昔日来复州投卿，卿因何不纳?"王彦超听了立即降阶顿首道："浅水岂能藏神

龙耶，当日陛下不留滞于小郡实乃天意也!"宋太祖听完哈哈大笑，也就不再追究过去之事了。

王彦超在军事上是一个统帅，在政治上则垂戒后裔，勉为善事以自庇。他平时为人温谨，对所镇之地均竭力安抚百姓；对士兵也十分和蔼可亲，能"礼贤下士"，从不盛气凌人；对待家人则很严格，平时要求子孙自己动手，尽量不雇用人。

他虽入京做了右金吾卫上将军，可谓位高权重，但看到一大批昔日有功之臣削职为民，深感京城绝非久留之地，早在致仕前他就谋划着外迁之事。一方面他自己向皇上一再奏请卸任，要求致仕，另一方面遣子出外寻找安身之地。太平兴国八年 (983)，王彦超以右金吾卫上将军禄加太子太师致仕，即举家南下经吴越会稽到义乌定居。雍熙三年 (986)，王彦超与世长辞，享年 73 岁，赠尚书令。

文人皇帝，赵光义治国统

赵匡胤在陈桥驿发动兵变，比他小 12 岁的弟弟赵匡义在其中所起的作用是非常巨大的，也正是赵匡义和赵普等人在前台的积极表演行动，才让躲在幕后的赵匡胤能够以一个比较仁义的角色篡位自立，建立北宋。

赵匡胤一当上皇帝，即任命赵匡义为殿前都虞侯，领睦州防御使。961 年，赵匡胤任命赵匡义为封尹，同平章事。同时，为了避讳，赵匡义改名为赵光义，赵匡美也改名为赵光美。赵匡胤也非常疼爱他这个弟弟，有一次赵光义生病，身为皇帝的赵匡胤亲手为他灼艾。赵光义失声叫痛，赵匡胤大概是要为其弟分担病痛，也取艾自灸。

976 年，赵匡胤突然驾崩，于是赵光义就在灵柩前即位，史称宋太宗。

赵光义即位后，继续执行赵匡胤先南后北的统一策略，逼迫陈洪进、吴越国主钱弘俶分别上表投降，至此，北宋完全统一南方，赵光义便把主要兵力转向北方的北汉和辽政权。

979 年，赵光义率大军分四路向北汉进攻，并吸取了以往失败的教训，特派部分宋兵前往阻截辽援军。宋军很快就攻到北汉都城太原城下，将太原围得个水泄不通。5 个月后，北汉将士纷纷出降，北汉皇帝刘继元见大势已去，只得开门迎降，北汉灭亡。至此，五代十国的割据局面全部结束。

赵光义携灭北汉之余威，率大军继续北上伐辽，兵不血刃地收得易、涿二州。旗开得胜，赵光义非常高兴，于是率大军进抵辽之南京（今北京）城南，命将士兵分四路攻城。然而此时的宋军已是强弩之末，长时间的征战已使得他们疲惫不堪，在辽援军到来之后，竟被辽守军和援军共同夹击，全军溃散。赵光义在众将护卫下，南逃涿州，方才避免被擒。

7 年后，赵光义又想再度北伐，企图扭转高梁河惨败之后频频挨打的被动局面，但前次亲征的惨败，特别是高梁河之战险被辽军所擒的遭遇，使太宗余悸未消。于是在善于揣摩皇帝心思的大臣的劝阻下，决定派大将曹彬、米信、田重进、潘美、杨业等人于 986 年率 30 万大军分东、中、西三路北上攻辽。

初期作战宋军进展顺利，接连小胜。但由于刚愎自用的赵光义将指挥权牢牢控制在自己的手中，从后方遥控军队作战，因此造成军令不能及时传达，加上各路军缺少合作，便纷纷败下阵来。杨业率领残兵在陈家谷奋力死战，辽兵漫山遍野而来，杨业部下大部分战死。杨业本人身负几十处创伤，最后为辽军所俘获，不顾辽军的威胁利诱，绝食三日而死。

杨业死后，边境大震，云、应、朔三州将吏弃城而逃，三州又被辽军重新占领。辽军又乘胜进入宋境，深入深（今河北深州市）、德

（今山东德州）、邢（今河北邢台）等州，抢掠一空，使宋朝边民蒙受重大损失。

从这次北伐失败就可看出，赵光义基本上没有经历过重大战役，缺乏锻炼。但他又自诩高明，刚愎自用，为了控制军队，每次作战前都亲自拟定阵图，结果严重束缚了前线将帅的手脚，所以北伐不败才怪。

赵光义先是盲目自信，在两次北伐失败后，他又陷入了或战或和的两难境地，经常在两者之间犹豫不决。到了晚年，赵光义守内虚外政策的指导思想已经形成，这种思想影响了整个南北两宋，致使两宋统治者都喜欢偏安一隅，而从不主动进攻。因此，赵光义对辽由攻到守，准备和解。为了防守，他命令宋军在河北沿边的平原上，疏浚、开拓边地河道，以作屏障。对于辽军的入侵，他也只准坚壁清野，不许出兵，即使是不得已出兵，也只许靠着城布阵，再不就是以和为贵，不许先动手攻击对方，结果束缚了军队将士的手脚。渐渐地，宋朝军队的作战能力越来越弱了。

赵光义是五代以来第一位非武人皇帝。在结束分裂局面后，尤其是在多次伐辽失败后，赵光义便将精力转移到文治上来。不过在文治方面，他的确有很多独到之处。他开创、修补、完善了宋朝的各项典章制度，使之基本成为定制，使宋王朝避免了像五代各朝一样短命夭折，奠定了政治、军事、文化、经济各方面制度的基础。两宋之人多言"祖宗之法"，这"祖宗之法"即是指宋太祖宋太宗而言，其中宋太祖法度主要在于军事、政治方面，而宋太宗除了对宋太祖法度做了进一步完善外，又着重在文化、经济等方面建立了一整套法度规范。

赵光义完善了始于隋唐的科举制度，科举向文人知识分子广泛开放，只要文章、诗赋合格，都可录取。赵光义扩大了取士的规模，每次科举考试录取的进士数额远远超过唐代及宋太祖时。赵光义还促进科举取进士日趋严密、完整。在赵匡胤确定殿试后，赵光义又将其进一步完善，规定殿试后在殿前"唱名"，由皇帝分别赐予"进士及第""进士出身""同进士出身"的功名。

赵光义非常重视发展文化事业，他将昭文馆、史馆、集贤院等三馆另迁比原址大得多的新址，并定名为崇文院。到赵光义晚年，崇文院的藏书已十分丰富。

赵光义还组织文人编纂了《太平广记》《太平御览》和《文苑英华》等书，这三大部书成为后人研究中国古代历史、文学的宝贵资料。宋代的皇帝多注意从历史上吸取统治的经验教训，这可以说是从太宗开始。太平兴国八年（983）十一月，赵光义对大臣说："朕历览前代书籍，发现君臣之际，大抵情通则道合，所以有事皆无隐匿，言论都可采用。朕励精求治，卿等作朕股肱耳目，如果施政有缺失，应当悉心上言说明，朕决不以居尊自恃，使人不敢说话。"赵光义为政勤俭，而又不喜声色游猎，只是喜欢读书和书法。他对宗教还比较宽容，不过是重道教，轻佛教。

赵光义当上皇帝之后，用很大一部分精力来确保皇位，防范变乱。一面防范武将专权，另一面则是他自家人，尤其是赵匡胤的儿子武功郡王赵德昭，最后逼迫赵德昭自杀身亡，而赵光义的弟弟赵廷美（赵光美，为避讳改名）也被逼得忧郁而死。

赵光义逐渐年老，皇位继承的问题也逐渐显得重要起来。本来赵光义想立为皇嗣的是长子赵元佐，但赵元佐在听说叔父赵廷美死后，悲愤不已，逐渐产生精神问题，对手下经常是乱砍滥杀。后来赵光义命太医诊治，稍有好转，遂大喜而设宴，唯独没有邀请赵元佐参加。赵元佐知道后，竟大怒而纵火烧自己的楚王宫，于是赵光义大怒，将赵元佐削去封号，废为庶人，遂于995年，立赵元侃（赵恒）为太子，至此，自赵光义即位以来的皇位继承问题才算最终得到解决。赵元侃即后来的真宗，自真宗至南宋高宗，六代八个皇帝都是太宗一系子孙。直到高宗赵构，因无子，领养太祖七世孙立为太子，即孝宗，以后的八个皇帝又转入太祖一系。北宋南宋各九个皇帝，赵匡胤和赵光义兄弟并称"祖宗"，他们的后代各有八个做了皇帝。兄弟二人轮流当皇帝，其后代也轮流往复，一个也不多，一个也不少，并且北宋亡在太宗一系手里，南宋亡在太祖一系手里，真可谓平分秋色了。

997年，赵光义去世，享年59岁。